예레미야.쓰다 1
JEREMIAH WRITE

에이프릴지저스 편집부

개역
개정

예레미야.쓰다 1

필사는, 정독 중의 정독!
가장 적극적인 성경읽기입니다.

기록자
WRITER

시작일
START DATE

마감일
COMPLETE DATE

예레미야

"**예레미야**"라는 이름의 뜻은 '여호와께서 높이신다' 입니다.

예레미야는 아주 오랜 기간 동안 예언 활동을 했습니다. '유다'가 멸망해 가고 있는 암울한 시대에 전달하고 싶지 않은 메시지를 전해야 하는 비운의 선지자였습니다. 요시야 왕이 즉위한 지 13째 되는 해부터 예루살렘이 멸망하기까지 40년 이상 예언을 합니다.

이스라엘 백성의 '죄악'을 지적하고, 죄로 인한 '멸망'을 예언하고, 예언이 '성취' 되는 현실을 목도한 선지자 입니다. 어두운 시대에, 나라의 운명을 생각하며 눈물이 마르지 않았기에 '눈물의 선지자'라는 별명이 있습니다.

예레미야서의 핵심 메시지는 '죄악을 버리고 하나님을 의지하라' 입니다. 포로지에서 살더라도 그 자리에서 하나님을 의지하고 삶을 포기하지 말며 최선을 다해서 살아야 한다는 것입니다.

이 책 대부분의 내용은 경고와 심판이지만, 마지막은 미래에 대한 소망으로 끝이 납니다. 하나님은 재앙이 최종 목적이 아니라, 고난을 통해 자기 백성에게 진정한 미래와 희망을 주시려는 것입니다.

"여호와의 말씀이니라 보라 날이 이르리니 내가 이스라엘 집과 유다 집에 **새 언약**을 맺으리라" 렘 31:31

예레미야 구조, 52장 1,364절

- ◆ **1장**　　　　예레미야의 소명
- ◆ **2-51장**　　예레미야의 예언 활동
- ◆ **52장**　　　예루살렘의 멸망

예언서

구약 성경의 예언서는 대예언서 5권과 소예언서 12권으로 구성되어 있습니다.(17권)
내용의 중요성에 의한 구분이 아니라 책의 분량에 의해 나눠졌습니다.
- ◆ 대예언서(5권) : 이사야, 예레미야, 예레미야애가, 에스겔, 다니엘
- ◆ 소예언서(12권) : 호세아, 요엘, 아모스, 오바댜, 요나, 미가, 나훔, 하박국, 스바냐, 학개, 스가랴, 말라기

예언서의 기록목적

1) 이스라엘의 불신앙과 도덕적 범죄에 대한 책망과 회개를 권유하기 위함.
2) 하나님께서 독생자를 보내 주시어 장차 그를 통해 유대뿐 아니라 온 인류가 구원받게 됨을 예시하기 위함.

왜 필사인가?

필사는 정독 중의 정독입니다. 성경이 말하고자 하는 의미와 말씀이 살아 움직이는 체험을 하고 싶다면 빠르게 성경책을 넘기지 말고 정독하는 것이 좋습니다. 필사는 천천히 한자 한자 정성껏 쓰고 또 확인하며 천천히 읽게 되므로 말씀을 더 깊이 느낄 수 있는 시간이 주어집니다. 그동안 보이지 않았던, 말씀의 한 구절 한 구절이 가슴을 울리며 깊이 다가오는 경험을 갖게 됩니다. **필사라는 가장 적극적인 성경읽기를 통해,** 말씀이 살아 움직임을 느끼고 삶의 변화까지 선물 받는 놀라운 필사의 경험을, 반드시 스스로에게 선물하기를 바랍니다.

왜 모눈(그리드) 인가?

수많은 대부분의 노트들은 줄로 이루어져 있습니다. 줄노트를 쓰는데 있어서 우리는 익숙하고 당연합니다. 하지만, 간격이 정해진 줄노트는 생각의 폭이 줄안에 갇힐수 있으므로 생각 확장이 제한됩니다. 공간 활용에 자유로운 모눈(grid)은, 라인의 색깔이 연하므로 눈이 어지럽지 않고 글씨 정렬 맞추기에 용이합니다. 필사를 하다 보면 노트를 더 예쁘게 만들고 싶을 때가 있습니다. 필사 후, 나에게 주신 말씀을 **색연필, 형광펜으로 밑줄을 긋거나,** 남은 공간에는 자유롭게 묵상 또는 생각을 간략히 적어보세요. 이 모눈노트가 나만의 필사노트를 꾸미는 것에 도움을 줄 것입니다. **자유로운 필사와 묵상으로 주님과 더욱 친밀해지기를 소망합니다.**

필사하기 전에

1. **[기도] 필사를 시작하기 전에 기도하세요.**
   "내 눈을 열어서 주의 율법에서 놀라운 것을 보게 하소서(시119:18)"
2. **[읽기] 좌측의 성경말씀을 옮겨 적으며 소리 내 필사를 하세요.**
   "오직 여호와의 율법을 즐거워하며(시1:2)"
3. **[묵상] 읽고, 필사한 말씀을 묵상하세요.**
   "너희는 나의 이 말을 너희의 마음과 뜻에 두고 또 그것을 너희의 손목에 매어 기호를 삼고 너희 미간에 붙여 표를 삼으며(신11:18)"
4. **[적용] 말씀을 나의 삶에 적용하세요.**
   "나로 하여금 깨닫게 하여 주소서 내가 주의 법을 준행하며 전심으로 지키리이다(시119:34)"
5. **[기도] 필사 후 기도로 마무리 합니다.**
   "내가 주의 법을 어찌 그리 사랑하는지요 내가 그것을 종일 작은 소리로 읊조리나이다 (시119:97)"

너는 가서 북을 향하여 이 말을 선포하여 이르라
여호와께서 이르시되 배역한 이스라엘아 돌아오라
나의 노한 얼굴을 너희에게로 향하지 아니하리라
나는 긍휼이 있는 자라 노를 한없이 품지 아니하느니라
여호와의 말씀이니라

예레미야 JEREMIAH 3:12

1장

1 베냐민 땅 아나돗의 제사장들 중 힐기야의 아들 예레미야의 말이라

2 아몬의 아들 유다 왕 요시야가 다스린 지 십삼 년에 여호와의 말씀이 예레미야에게 임하였고

3 요시야의 아들 유다의 왕 여호야김 시대부터 요시야의 아들 유다의 왕 시드기야의 십일년 말까지 곧 오월에 예루살렘이 사로잡혀 가기까지 임하니라

여호와의 말씀이 예레미야에게 임하다

4 여호와의 말씀이 내게 임하니라 이르시되

5 내가 너를 모태에 짓기 전에 너를 알았고 네가 배에서 나오기 전에 너를 성별하였고 너를 여러 나라의 선지자로 세웠노라 하시기로

6 내가 이르되 슬프도소이다 주 여호와여 보소서 나는 아이라 말할 줄을 알지 못하나이다 하니

7 여호와께서 내게 이르시되 너는 아이라 말하지 말고 내가 너를 누구에게 보내든지 너는 가며 내가 네게 무엇을 명령하든지 너는 말할지니라

8 너는 그들 때문에 두려워하지 말라 내가 너와 함께 하여 너를 구원하리라 나 여호와의 말이니라 하시고

9 여호와께서 그의 손을 내밀어 내 입에 대시며 여호와께서 내게 이르시되 보라 내가 내 말을 네 입에 두었노라

10 보라 내가 오늘 너를 여러 나라와 여러 왕국 위에 세워 네가 그것들을 뽑고 파괴하며 파멸하고 넘어뜨리며 건설하고 심게 하였느니라 하시니라

살구나무 가지와 끓는 가마 환상

11 여호와의 말씀이 또 내게 임하니라 이르시되 예레미야야 네가 무엇을 보느냐 하시매 내가 대답하되 내가 살구나무 가지를 보나이다

12 여호와께서 내게 이르시되 네가 잘 보았도다 이는 내가 내 말을 지켜 그대로 이루려 함이라 하시니라

13 여호와의 말씀이 다시 내게 임하니라 이르시되 네가 무엇을 보느냐 대답하되 끓는 가마를 보나이다 그 윗면이 북에서부터 기울어졌나이다 하니

14 여호와께서 내게 이르시되 재앙이 북방에서 일어나 이 땅의 모든 주민들에게 부어지리라

15 내가 북방 왕국들의 모든 족속들을 부를 것인즉 그들이 와서 예루살렘 성문 어귀에 각기 자리를 정하고 그 사방 모든 성벽과 유다 모든 성읍들을 치리라 여호와의 말이니라

16 무리가 나를 버리고 다른 신들에게 분향하며 자기 손으로 만든 것들에 절하였은즉 내가 나의 심판을 그들에게 선고하여 그들의 모든 죄악을 징계하리라

17 그러므로 너는 네 허리를 동이고 일어나 내가 네게 명령한 바를 다 그들에게 말하라 그들 때문에 두려워하지 말라 네가 그들 앞에서 두려움을 당하지 않게 하리라

18 보라 내가 오늘 너를 그 온 땅과 유다 왕들과 그 지도자들과 그 제사장들과 그 땅 백성 앞에 견고한 성읍, 쇠기둥, 놋성벽이 되게 하였은즉

19 그들이 너를 치나 너를 이기지 못하리니 이는 내가 너와 함께 하여 너를 구원할 것임이니라 여호와의 말이니라

2장

여호와께서 기억하시다

1 여호와의 말씀이 내게 임하니라 이르시되

2 가서 예루살렘의 귀에 외칠지니라 여호와께서 이와 같이 말씀하시기를 내가 너를 위하여 네 청년 때의 인애와 네 신혼 때의 사랑을 기억하노니 곧 씨 뿌리지 못하는 땅, 그 광야에서 나를 따랐음이니라

3 이스라엘은 여호와를 위한 성물 곧 그의 소산 중 첫 열매이니 그를 삼키는 자면 모두 벌을 받아 재앙이 그들에게 닥치리라 여호와의 말씀이니라

조상들이 여호와를 멀리하였다

4 야곱의 집과 이스라엘의 집 모든 족속들아 여호와의 말씀을 들으라

5 나 여호와가 이와 같이 말하노라 너희 조상들이 내게서 무슨 불의함을 보았기에 나를 멀리 하고 가서 헛된 것을 따라 헛되이 행하였느냐

6 그들이 우리를 애굽 땅에서 인도하여 내시고 광야 곧 사막과 구덩이 땅, 건조하고 사망의 그늘진 땅, 사람이 그 곳으로 다니지 아니하고 그 곳에 사람이 거주하지 아니하는 땅을 우리가 통과하게 하시던 여호와께서 어디 계시냐 하고 말하지 아니하였도다

7 내가 너희를 기름진 땅에 인도하여 그것의 열매와 그것의 아름다운 것을 먹게 하였거늘 너희가 이리로 들어와서는 내 땅을 더럽히고 내 기업을 역겨운 것으로 만들었으며

8 제사장들은 여호와께서 어디 계시냐 말하지 아니하였으며 율법을 다루는 자들은 나를 알지 못하며 관리들도 나에게 반역하며 선지자들은 바알의 이름으로 예언하고 무익한 것들을 따랐느니라

백성이 행한 악

9 그러므로 내가 다시 싸우고 너희 자손들과도 싸우리라 여호와의 말씀이니라

10 너희는 깃딤 섬들에 건너가 보며 게달에도 사람을 보내 이같은 일이 있었는지를 자세히 살펴보라

11 어느 나라가 그들의 신들을 신 아닌 것과 바꾼 일이 있느냐 그러나 나의 백성은 그의 영광을 무익한 것과 바꾸었도다

12 너 하늘아 이 일로 말미암아 놀랄지어다 심히 떨지어다 두려워할지어다 여호와의 말씀이니라

13 내 백성이 두 가지 악을 행하였나니 곧 그들이 생수의 근원되는 나를 버린 것과 스스로 웅덩이를 판 것인데 그것은 그 물을 가두지 못할 터진 웅덩이들이니라

이스라엘의 악과 반역

14 이스라엘이 종이냐 씨종이냐 어찌하여 포로가 되었느냐

15 어린 사자들이 그를 향하여 부르짖으며 소리를 질러 그의 땅을 황폐하게 하였으며 그의 성읍들은 불타서 주민이 없게 되었으며

16 놉과 다바네스의 자손도 네 정수리를 상하였으니

17 네 하나님 여호와가 너를 길로 인도할 때에 네가 그를 떠남으로 이를 자취함이 아니냐

18 네가 시홀의 물을 마시려고 애굽으로 가는 길에 있음은 어찌 됨이며 또 네가 그 강물을 마시려고 앗수르로 가는 길에 있음은 어찌 됨이냐

19 네 악이 너를 징계하겠고 네 반역이 너를 책망할 것이라 그런즉 네 하나님 여호와를 버림과 네 속에 나를 경외함이 없는 것이 악이요 고통인 줄 알라 주 만군의 여호와의 말씀이니라

이방 신을 따라 가는 이스라엘

20 네가 옛적부터 네 멍에를 꺾고 네 결박을 끊으며 말하기를 나는 순종하지 아니하리라 하고 모든 높은 산 위에서와 모든 푸른 나무 아래에서 너는 몸을 굽혀 행음하도다

21 내가 너를 순전한 참 종자 곧 귀한 포도나무로 심었거늘 내게 대하여 이방 포도나무의 악한 가지가 됨은 어찌 됨이냐

22 주 여호와의 말씀이니라 네가 잿물로 스스로 씻으며 네가 많은 비누를 쓸지
　　라도 네 죄악이 내 앞에 그대로 있으리니

23 네가 어찌 말하기를 나는 더럽혀지지 아니하였다 바알들의 뒤를 따르지 아
　　니하였다 하겠느냐 골짜기 속에 있는 네 길을 보라 네 행한 바를 알 것이니
　　라 발이 빠른 암낙타가 그의 길을 어지러이 달리는 것과 같았으며

24 너는 광야에 익숙한 들암나귀들이 그들의 성욕이 일어나므로 헐떡거림 같
　　았도다 그 발정기에 누가 그것을 막으리요 그것을 찾는 것들이 수고하지 아
　　니하고 그 발정기에 만나리라

25 내가 또 말하기를 네 발을 제어하여 벗은 발이 되게 하지 말며 목을 갈하게
　　하지 말라 하였으나 오직 너는 말하기를 아니라 이는 헛된 말이라 내가 이
　　방 신들을 사랑하였은즉 그를 따라 가겠노라 하도다

유다를 심판하리라

26 도둑이 붙들리면 수치를 당함 같이 이스라엘 집 곧 그들의 왕들과 지도자들
　　과 제사장들과 선지자들이 수치를 당하였느니라

27 그들이 나무를 향하여 너는 나의 아버지라 하며 돌을 향하여 너는 나를 낳
　　았다 하고 그들의 등을 내게로 돌리고 그들의 얼굴은 내게로 향하지 아니하
　　다가 그들이 환난을 당할 때에는 이르기를 일어나 우리를 구원하소서 하리
　　라

28 너를 위하여 네가 만든 네 신들이 어디 있느냐 그들이 네가 환난을 당할 때
　　에 구원할 수 있으면 일어날 것이니라 유다여 너의 신들이 너의 성읍 수와
　　같도다

29 너희가 나에게 대항함은 어찌 됨이냐 너희가 다 내게 잘못하였느니라 여호
　　와의 말씀이니라

30 내가 너희 자녀들을 때린 것이 무익함은 그들이 징계를 받아들이지 아니함
　　이라 너희 칼이 사나운 사자 같이 너희 선지자들을 삼켰느니라

31 너희 이 세대여 여호와의 말을 들어 보라 내가 이스라엘에게 광야가 되었었느냐 캄캄한 땅이 되었었느냐 무슨 이유로 내 백성이 말하기를 우리는 놓였으니 다시 주께로 가지 아니하겠다 하느냐

32 처녀가 어찌 그의 패물을 잊겠느냐 신부가 어찌 그의 예복을 잊겠느냐 오직 내 백성은 나를 잊었나니 그 날 수는 셀 수 없거늘

33 네가 어찌 사랑을 얻으려고 네 행위를 아름답게 꾸미느냐 그러므로 네 행위를 악한 여자들에게까지 가르쳤으며

34 또 네 옷단에는 죄 없는 가난한 자를 죽인 피가 묻었나니 그들이 담 구멍을 뚫었기 때문이 아니라 오직 이 모든 일 때문이니라

35 그러나 너는 말하기를 나는 무죄하니 그의 진노가 참으로 내게서 떠났다 하거니와 보라 네 말이 나는 죄를 범하지 아니하였다 하였으므로 내가 너를 심판하리라

36 네가 어찌하여 네 길을 바꾸어 부지런히 돌아다니느냐 네가 앗수르로 말미암아 수치를 당함 같이 또한 애굽으로 말미암아 수치를 당할 것이라

37 네가 두 손으로 네 머리를 싸고 거기서도 나가리니 이는 네가 의지하는 자들을 나 여호와가 버렸으므로 네가 그들로 말미암아 형통하지 못할 것임이라

3장

유다의 음란과 행악

1 그들이 말하기를 가령 사람이 그의 아내를 버리므로 그가 그에게서 떠나 타인의 아내가 된다 하자 남편이 그를 다시 받겠느냐 그리하면 그 땅이 크게 더러워지지 아니하겠느냐 하느니라 네가 많은 무리와 행음하고서도 내게로 돌아오려느냐 여호와의 말씀이니라

2 네 눈을 들어 헐벗은 산을 보라 네가 행음하지 아니한 곳이 어디 있느냐 네가 길 가에 앉아 사람들을 기다린 것이 광야에 있는 아라바 사람 같아서 음란과 행악으로 이 땅을 더럽혔도다

3 그러므로 단비가 그쳤고 늦은 비가 없어졌느니라 그럴지라도 네가 창녀의 낯을 가졌으므로 수치를 알지 못하느니라

4 네가 이제부터는 내게 부르짖기를 나의 아버지여 아버지는 나의 청년 시절의 보호자이시오니

5 노여움을 한없이 계속하시겠으며 끝까지 품으시겠나이까 하지 아니하겠느냐 보라 네가 이같이 말하여도 악을 행하여 네 욕심을 이루었느니라 하시니라

배역한 이스라엘과 반역한 유다

6 요시야 왕 때에 여호와께서 또 내게 이르시되 너는 배역한 이스라엘이 행한 바를 보았느냐 그가 모든 높은 산에 오르며 모든 푸른 나무 아래로 가서 거기서 행음하였도다

7 그가 이 모든 일들을 행한 후에 내가 말하기를 그가 내게로 돌아오리라 하였으나 아직도 내게로 돌아오지 아니하였고 그의 반역한 자매 유다는 그것을 보았느니라

8 내게 배역한 이스라엘이 간음을 행하였으므로 내가 그를 내쫓고 그에게 이혼서까지 주었으되 그의 반역한 자매 유다가 두려워하지 아니하고 자기도 가서 행음함을 내가 보았노라

9 그가 돌과 나무와 더불어 행음함을 가볍게 여기고 행음하여 이 땅을 더럽혔거늘

10 이 모든 일이 있어도 그의 반역한 자매 유다가 진심으로 내게 돌아오지 아니하고 거짓으로 할 뿐이니라 여호와의 말씀이니라

11 여호와께서 내게 이르시되 배역한 이스라엘은 반역한 유다보다 자신이 더 의로움이 나타났나니

12 너는 가서 북을 향하여 이 말을 선포하여 이르라 여호와께서 이르시되 배역한 이스라엘아 돌아오라 나의 노한 얼굴을 너희에게로 향하지 아니하리라 나는 긍휼이 있는 자라 노를 한없이 품지 아니하느니라 여호와의 말씀이니라

13 너는 오직 네 죄를 자복하라 이는 네 하나님 여호와를 배반하고 네 길로 달려 이방인들에게로 나아가 모든 푸른 나무 아래로 가서 내 목소리를 듣지 아니하였음이라 여호와의 말씀이니라

14 여호와의 말씀이니라 배역한 자식들아 돌아오라 나는 너희 남편임이라 내가 너희를 성읍에서 하나와 족속 중에서 둘을 택하여 너희를 시온으로 데려오겠고

15 내가 또 내 마음에 합한 목자들을 너희에게 주리니 그들이 지식과 명철로 너희를 양육하리라

16 여호와의 말씀이니라 너희가 이 땅에서 번성하여 많아질 때에는 사람들이 여호와의 언약궤를 다시는 말하지 아니할 것이요 생각하지 아니할 것이요 기억하지 아니할 것이요 찾지 아니할 것이요 다시는 만들지 아니할 것이며

17 그 때에 예루살렘이 그들에게 여호와의 보좌라 일컬음이 되며 모든 백성이 그리로 모이리니 곧 여호와의 이름으로 말미암아 예루살렘에 모이고 다시는 그들의 악한 마음의 완악한 대로 그들이 행하지 아니할 것이며

18 그 때에 유다 족속이 이스라엘 족속과 동행하여 북에서부터 나와서 내가 너희 조상들에게 기업으로 준 땅에 그들이 함께 이르리라

이스라엘의 배역

19 내가 말하기를 내가 어떻게 하든지 너를 자녀들 중에 두며 허다한 나라들 중에 아름다운 기업인 이 귀한 땅을 네게 주리라 하였고 내가 다시 말하기를 너희가 나를 나의 아버지라 하고 나를 떠나지 말 것이니라 하였노라

20 그런데 이스라엘 족속아 마치 아내가 그의 남편을 속이고 떠나감 같이 너희가 확실히 나를 속였느니라 여호와의 말씀이니라

21 소리가 헐벗은 산 위에서 들리니 곧 이스라엘 자손이 애곡하며 간구하는 것이라 그들이 그들의 길을 굽게 하며 자기 하나님 여호와를 잊어버렸음이로다

22 배역한 자식들아 돌아오라 내가 너희의 배역함을 고치리라 하시니라

진실한 회개

보소서 우리가 주께 왔사오니 주는 우리 하나님 여호와이심이니이다

23 작은 산들과 큰 산 위에서 떠드는 것은 참으로 헛된 일이라 이스라엘의 구원은 진실로 우리 하나님 여호와께 있나이다

24 부끄러운 그것이 우리가 청년의 때로부터 우리 조상들의 산업인 양 떼와 소 떼와 아들들과 딸들을 삼켰사온즉

25 우리는 수치 중에 눕겠고 우리의 치욕이 우리를 덮을 것이니 이는 우리와 우리 조상들이 청년의 때로부터 오늘까지 우리 하나님 여호와께 범죄하여 우리 하나님 여호와의 목소리에 순종하지 아니하였음이니이다

4장

돌아오라고 하시다

1 여호와께서 이르시되 이스라엘아 네가 돌아오려거든 내게로 돌아오라 네가 만일 나의 목전에서 가증한 것을 버리고 네가 흔들리지 아니하며

2 진실과 정의와 공의로 여호와의 삶을 두고 맹세하면 나라들이 나로 말미암아 스스로 복을 빌며 나로 말미암아 자랑하리라

3 여호와께서 유다와 예루살렘 사람에게 이와 같이 이르노라 너희 묵은 땅을 갈고 가시덤불에 파종하지 말라

4 유다인과 예루살렘 주민들아 너희는 스스로 할례를 행하여 너희 마음 가죽을 베고 나 여호와께 속하라 그리하지 아니하면 너희 악행으로 말미암아 나의 분노가 불 같이 일어나 사르리니 그것을 끌 자가 없으리라

나라들을 멸하는 자가 나아오다

5 너희는 유다에 선포하며 예루살렘에 공포하여 이르기를 이 땅에서 나팔을 불라 하며 또 크게 외쳐 이르기를 너희는 모이라 우리가 견고한 성으로 들어가자 하고

6 시온을 향하여 깃발을 세우라, 도피하라, 지체하지 말라, 내가 북방에서 재난과 큰 멸망을 가져오리라

7 사자가 그 수풀에서 올라왔으며 나라들을 멸하는 자가 나아 왔으되 네 땅을 황폐하게 하려고 이미 그의 처소를 떠났은즉 네 성읍들이 황폐하여 주민이 없게 되리니

8 이로 말미암아 너희는 굵은 베를 두르고 애곡하라 이는 여호와의 맹렬한 노가 아직 너희에게서 돌이키지 아니하였음이라

9 여호와의 말씀이니라 그 날에 왕과 지도자들은 낙심할 것이며 제사장들은 놀랄 것이며 선지자들은 깜짝 놀라리라

10 내가 이르되 슬프도소이다 주 여호와여 주께서 진실로 이 백성과 예루살렘을 크게 속이셨나이다 이르시기를 너희에게 평강이 있으리라 하시더니 칼이 생명에 이르렀나이다

백성에게 심판을 행하리라

11 그 때에 이 백성과 예루살렘에 전할 자가 있어서 뜨거운 바람이 광야에 있는 헐벗은 산에서 내 딸 백성에게 불어온다 하리라 이는 키질하기 위함도 아니요 정결하게 하려 함도 아니며

12 이보다 더 강한 바람이 나를 위하여 오리니 이제 내가 그들에게 심판을 행할 것이라

13 보라 그가 구름 같이 올라오나니 그의 병거는 회오리바람 같고 그의 말들은 독수리보다 빠르도다 우리에게 화 있도다 우리는 멸망하도다 하리라

14 예루살렘아 네 마음의 악을 씻어 버리라 그리하면 구원을 얻으리라 네 악한 생각이 네 속에 얼마나 오래 머물겠느냐

15 단에서 소리를 선포하며 에브라임 산에서 재앙을 공포하는도다

16 너희는 여러 나라에 전하며 또 예루살렘에 알리기를 에워싸고 치는 자들이 먼 땅에서부터 와서 유다 성읍들을 향하여 소리를 지른다 하라

17 그들이 밭을 지키는 자 같이 예루살렘을 에워싸나니 이는 그가 나를 거역했기 때문이니라 여호와의 말씀이니라

18 네 길과 행위가 이 일들을 부르게 하였나니 이는 네가 악함이라 그 고통이 네 마음에까지 미치느니라

선지자의 탄식

19 슬프고 아프다 내 마음속이 아프고 내 마음이 답답하여 잠잠할 수 없으니 이는 나의 심령이 나팔 소리와 전쟁의 경보를 들음이로다

20 패망에 패망이 연속하여 온 땅이 탈취를 당하니 나의 장막과 휘장은 갑자기 파멸되도다

21 내가 저 깃발을 보며 나팔 소리 듣기를 어느 때까지 할꼬

22 내 백성은 나를 알지 못하는 어리석은 자요 지각이 없는 미련한 자식이라 악을 행하기에는 지각이 있으나 선을 행하기에는 무지하도다

혼돈의 환상

23 보라 내가 땅을 본즉 혼돈하고 공허하며 하늘에는 빛이 없으며

24 내가 산들을 본즉 다 진동하며 작은 산들도 요동하며

25 내가 본즉 사람이 없으며 공중의 새가 다 날아갔으며

26 보라 내가 본즉 좋은 땅이 황무지가 되었으며 그 모든 성읍이 여호와의 앞 그의 맹렬한 진노 앞에 무너졌으니

27 여호와께서 이와 같이 말씀하시길 이 온 땅이 황폐할 것이나 내가 진멸하지는 아니할 것이며

28 이로 말미암아 땅이 슬퍼할 것이며 위의 하늘이 어두울 것이라 내가 이미 말하였으며 작정하였고 후회하지 아니하였은즉 또한 거기서 돌이키지 아니하리라 하셨음이로다

29 기병과 활 쏘는 자의 함성으로 말미암아 모든 성읍 사람들이 도망하여 수풀에 들어가고 바위에 기어오르며 각 성읍이 버림을 당하여 거기 사는 사람이 없나니

30 멸망을 당한 자여 네가 어떻게 하려느냐 네가 붉은 옷을 입고 금장식으로 단장하고 눈을 그려 꾸밀지라도 네가 화장한 것이 헛된 일이라 연인들이 너를 멸시하여 네 생명을 찾느니라

31 내가 소리를 들은즉 여인의 해산하는 소리 같고 초산하는 자의 고통하는 소리 같으니 이는 시온의 딸의 소리라 그가 헐떡이며 그의 손을 펴고 이르기를 내게 화가 있도다 죽이는 자로 말미암아 나의 심령이 피곤하도다 하는도다

5장

예루살렘의 허물과 반역

1 너희는 예루살렘 거리로 빨리 다니며 그 넓은 거리에서 찾아보고 알라 너희가 만일 정의를 행하며 진리를 구하는 자를 한 사람이라도 찾으면 내가 이 성읍을 용서하리라

2 그들이 여호와께서 살아 계심을 두고 맹세할지라도 실상은 거짓 맹세니라

3 여호와여 주의 눈이 진리를 찾지 아니하시나이까 주께서 그들을 치셨을지라도 그들이 아픈 줄을 알지 못하며 그들을 멸하셨을지라도 그들이 징계를 받지 아니하고 그들의 얼굴을 바위보다 굳게 하여 돌아오기를 싫어하므로

4 내가 말하기를 이 무리는 비천하고 어리석은 것뿐이라 여호와의 길, 자기 하나님의 법을 알지 못하니

5 내가 지도자들에게 가서 그들에게 말하리라 그들은 여호와의 길, 자기 하나님의 법을 안다 하였더니 그들도 일제히 멍에를 꺾고 결박을 끊은지라

6 그러므로 수풀에서 나오는 사자가 그들을 죽이며 사막의 이리가 그들을 멸하며 표범이 성읍들을 엿본즉 그리로 나오는 자마다 찢기리니 이는 그들의 허물이 많고 반역이 심함이니이다

7 내가 어찌 너를 용서하겠느냐 네 자녀가 나를 버리고 신이 아닌 것들로 맹세하였으며 내가 그들을 배불리 먹인즉 그들이 간음하며 창기의 집에 허다히 모이며

8 그들은 두루 다니는 살진 수말 같이 각기 이웃의 아내를 따르며 소리지르는 도다

9 여호와의 말씀이니라 내가 어찌 이 일들에 대하여 벌하지 아니하겠으며 내 마음이 이런 나라에 보복하지 않겠느냐

여호와께서 백성을 버리시다

10 너희는 그 성벽에 올라가 무너뜨리되 다 무너뜨리지 말고 그 가지만 꺾어 버리라 여호와의 것이 아님이니라

11 여호와의 말씀이니라 이스라엘의 집과 유다의 집이 내게 심히 반역하였느니라

12 그들이 여호와를 인정하지 아니하며 말하기를 여호와께서는 계시지 아니하니 재앙이 우리에게 임하지 아니할 것이요 우리가 칼과 기근을 보지 아니할 것이며

13 선지자들은 바람이라 말씀이 그들의 속에 있지 아니한즉 그같이 그들이 당하리라 하느니라

14 그러므로 만군의 하나님 여호와께서 이와 같이 말씀하시니라 너희가 이 말을 하였은즉 볼지어다 내가 네 입에 있는 나의 말을 불이 되게 하고 이 백성을 나무가 되게 하여 불사르리라

15 여호와의 말씀이니라 이스라엘 집이여 보라 내가 한 나라를 먼 곳에서 너희에게로 오게 하리니 곧 강하고 오랜 민족이라 그 나라 말을 네가 알지 못하며 그 말을 네가 깨닫지 못하느니라

16 그 화살통은 열린 무덤이요 그 사람들은 다 용사라

17 그들이 네 자녀들이 먹을 추수 곡물과 양식을 먹으며 네 양 떼와 소 떼를 먹으며 네 포도나무와 무화과나무 열매를 먹으며 네가 믿는 견고한 성들을 칼로 파멸하리라

18 여호와의 말씀이니라 그 때에도 내가 너희를 진멸하지는 아니하리라

19 그들이 만일 이르기를 우리 하나님 여호와께서 어찌하여 이 모든 일을 우리에게 행하셨느냐 하거든 너는 그들에게 이르기를 너희가 여호와를 버리고 너희 땅에서 이방 신들을 섬겼은즉 이와 같이 너희 것이 아닌 땅에서 이방인들을 섬기리라 하라

여호와께서 백성에게 이르시다

20 너는 이를 야곱 집에 선포하며 유다에 공포하여 이르기를

21 어리석고 지각이 없으며 눈이 있어도 보지 못하며 귀가 있어도 듣지 못하는 백성이여 이를 들을지어다

22 여호와의 말씀이니라 너희가 나를 두려워하지 아니하느냐 내 앞에서 떨지 아니하겠느냐 내가 모래를 두어 바다의 한계를 삼되 그것으로 영원한 한계를 삼고 지나치지 못하게 하였으므로 파도가 거세게 이나 그것을 이기지 못하며 뛰노나 그것을 넘지 못하느니라

23 그러나 너희 백성은 배반하며 반역하는 마음이 있어서 이미 배반하고 갔으며

24 또 너희 마음으로 우리에게 이른 비와 늦은 비를 때를 따라 주시며 우리를 위하여 추수 기한을 정하시는 우리 하나님 여호와를 경외하자 말하지도 아니하니

25 너희 허물이 이러한 일들을 물리쳤고 너희 죄가 너희로부터 좋은 것을 막았느니라

26 내 백성 가운데 악인이 있어서 새 사냥꾼이 매복함 같이 지키며 덫을 놓아 사람을 잡으며

27 새장에 새들이 가득함 같이 너희 집들에 속임이 가득하도다 그러므로 너희가 번창하고 거부가 되어

28 살지고 윤택하며 또 행위가 심히 악하여 자기 이익을 얻으려고 송사 곧 고아의 송사를 공정하게 하지 아니하며 빈민의 재판을 공정하게 판결하지 아니하니

29 내가 이 일들에 대하여 벌하지 아니하겠으며 내 마음이 이같은 나라에 보복하지 아니하겠느냐 여호와의 말씀이니라

30 이 땅에 무섭고 놀라운 일이 있도다

31 선지자들은 거짓을 예언하며 제사장들은 자기 권력으로 다스리며 내 백성은 그것을 좋게 여기니 마지막에는 너희가 어찌하려느냐

6장

벌 받을 성 예루살렘

1 베냐민 자손들아 예루살렘 가운데로부터 피난하라 드고아에서 나팔을 불고 벧학게렘에서 깃발을 들라 재앙과 큰 파멸이 북방에서 엿보아 옴이니라

2 아름답고 우아한 시온의 딸을 내가 멸절하리니

3 목자들이 그 양 떼를 몰고 와서 주위에 자기 장막을 치고 각기 그 처소에서 먹이리로다

4 너희는 그를 칠 준비를 하라 일어나라 우리가 정오에 올라가자 아하 아깝다 날이 기울어 저녁 그늘이 길었구나

5 일어나라 우리가 밤에 올라가서 그 요새들을 헐자 하도다

6 만군의 여호와께서 이와 같이 말하노라 너희는 나무를 베어서 예루살렘을 향하여 목책을 만들라 이는 벌 받을 성이라 그 중에는 오직 포학한 것뿐이니라

7 샘이 그 물을 솟구쳐냄 같이 그가 그 악을 드러내니 폭력과 탈취가 거기에서 들리며 질병과 살상이 내 앞에 계속하느니라

8 예루살렘아 너는 훈계를 받으라 그리하지 아니하면 내 마음이 너를 싫어하고 너를 황폐하게 하여 주민이 없는 땅으로 만들리라

벌 받을 백성

9 만군의 여호와께서 이와 같이 말씀하시되 포도를 따듯이 그들이 이스라엘의 남은 자를 말갛게 주우리라 너는 포도 따는 자처럼 네 손을 광주리에 자주자주 놀리라 하시나니

10 내가 누구에게 말하며 누구에게 경책하여 듣게 할꼬 보라 그 귀가 할례를 받지 못하였으므로 듣지 못하는도다 보라 여호와의 말씀을 그들이 자신들에게 욕으로 여기고 이를 즐겨 하지 아니하니

11 그러므로 여호와의 분노가 내게 가득하여 참기 어렵도다 그것을 거리에 있는 아이들과 모인 청년들에게 부으리니 남편과 아내와 나이 든 사람과 늙은 이가 다 잡히리로다

12 내가 그 땅 주민에게 내 손을 펼 것인즉 그들의 집과 밭과 아내가 타인의 소유로 이전되리라 여호와의 말씀이니라

13 이는 그들이 가장 작은 자로부터 큰 자까지 다 탐욕을 부리며 선지자로부터 제사장까지 다 거짓을 행함이라

14 그들이 내 백성의 상처를 가볍게 여기면서 말하기를 평강하다 평강하다 하나 평강이 없도다

15 그들이 가증한 일을 행할 때에 부끄러워하였느냐 아니라 조금도 부끄러워하지 않을 뿐 아니라 얼굴도 붉어지지 않았느니라 그러므로 그들이 엎드러지는 자와 함께 엎드러질 것이라 내가 그들을 벌하리니 그 때에 그들이 거꾸러지리라 여호와의 말씀이니라

선한 길로 가지 아니하다

16 여호와께서 이와 같이 말씀하시되 너희는 길에 서서 보며 옛적 길 곧 선한 길이 어디인지 알아보고 그리로 가라 너희 심령이 평강을 얻으리라 하나 그들의 대답이 우리는 그리로 가지 않겠노라 하였으며

17 내가 또 너희 위에 파수꾼을 세웠으니 나팔 소리를 들으라 하나 그들의 대답이 우리는 듣지 않겠노라 하였도다

18 그러므로 너희 나라들아 들으라 무리들아 그들이 당할 일을 알라

19 땅이여 들으라 내가 이 백성에게 재앙을 내리리니 이것이 그들의 생각의 결과라 그들이 내 말을 듣지 아니하며 내 율법을 거절하였음이니라

20 시바에서 유향과 먼 곳에서 향품을 내게로 가져옴은 어찌함이냐 나는 그들의 번제를 받지 아니하며 그들의 희생제물을 달게 여기지 않노라

21 그러므로 여호와께서 이와 같이 말씀하시니라 보라 내가 이 백성 앞에 장애물을 두리니 아버지와 아들들이 함께 거기에 걸려 넘어지며 이웃과 그의 친구가 함께 멸망하리라

북방에서 쳐들어 오는 민족

22 여호와께서 이와 같이 말씀하시되 보라 한 민족이 북방에서 오며 큰 나라가 땅 끝에서부터 떨쳐 일어나나니

23 그들은 활과 창을 잡았고 잔인하여 사랑이 없으며 그 목소리는 바다처럼 포효하는 소리라 그들이 말을 타고 전사 같이 다 대열을 벌이고 시온의 딸인 너를 치려 하느니라 하시도다

24 우리가 그 소문을 들었으므로 손이 약하여졌고 고통이 우리를 잡았으므로 그 아픔이 해산하는 여인 같도다

25 너희는 밭에도 나가지 말라 길로도 다니지 말라 원수의 칼이 있고 사방에 두려움이 있음이라

26 딸 내 백성이 굵은 베를 두르고 재에서 구르며 독자를 잃음 같이 슬퍼하며 통곡할지어다 멸망시킬 자가 갑자기 우리에게 올 것임이라

27 내가 이미 너를 내 백성 중에 망대와 요새로 삼아 그들의 길을 알고 살피게 하였노라

28 그들은 다 심히 반역한 자며 비방하며 돌아다니는 자며 그들은 놋과 철이며 다 사악한 자라

29 풀무불을 맹렬히 불면 그 불에 납이 살라져서 단련하는 자의 일이 헛되게 되느니라 이와 같이 악한 자가 제거되지 아니하나니

30 사람들이 그들을 내버린 은이라 부르게 될 것은 여호와께서 그들을 버렸음이라

7장

여호와의 말씀을 들으라

1 여호와께로부터 예레미야에게 말씀이 임하니라 이르시되

2 너는 여호와의 집 문에 서서 이 말을 선포하여 이르기를 여호와께 예배하러 이 문으로 들어가는 유다 사람들아 여호와의 말씀을 들으라

3 만군의 여호와 이스라엘의 하나님께서 이와 같이 말씀하시되 너희 길과 행위를 바르게 하라 그리하면 내가 너희로 이 곳에 살게 하리라

4 너희는 이것이 여호와의 성전이라, 여호와의 성전이라, 여호와의 성전이라 하는 거짓말을 믿지 말라

5 너희가 만일 길과 행위를 참으로 바르게 하여 이웃들 사이에 정의를 행하며

6 이방인과 고아와 과부를 압제하지 아니하며 무죄한 자의 피를 이 곳에서 흘리지 아니하며 다른 신들 뒤를 따라 화를 자초하지 아니하면

7 내가 너희를 이 곳에 살게 하리니 곧 너희 조상에게 영원무궁토록 준 땅에니라

8 보라 너희가 무익한 거짓말을 의존하는도다

9 너희가 도둑질하며 살인하며 간음하며 거짓 맹세하며 바알에게 분향하며 너희가 알지 못하는 다른 신들을 따르면서

10 내 이름으로 일컬음을 받는 이 집에 들어와서 내 앞에 서서 말하기를 우리가 구원을 얻었나이다 하느냐 이는 이 모든 가증한 일을 행하려 함이로다

11 내 이름으로 일컬음을 받는 이 집이 너희 눈에는 도둑의 소굴로 보이느냐 보라 나 곧 내가 그것을 보았노라 여호와의 말씀이니라

12 너희는 내가 처음으로 내 이름을 둔 처소 실로에 가서 내 백성 이스라엘의 악에 대하여 내가 어떻게 행하였는지를 보라

13 여호와의 말씀이니라 이제 너희가 그 모든 일을 행하였으며 내가 너희에게 말하되 새벽부터 부지런히 말하여도 듣지 아니하였고 너희를 불러도 대답하지 아니하였느니라

14 그러므로 내가 실로에 행함 같이 너희가 신뢰하는 바 내 이름으로 일컬음을 받는 이 집 곧 너희와 너희 조상들에게 준 이 곳에 행하겠고

15 내가 너희 모든 형제 곧 에브라임 온 자손을 쫓아낸 것 같이 내 앞에서 너희를 쫓아내리라 하셨다 할지니라

여호와를 순종하지 아니하는 백성

16 그런즉 너는 이 백성을 위하여 기도하지 말라 그들을 위하여 부르짖어 구하지 말라 내게 간구하지 말라 내가 네게서 듣지 아니하리라

17 너는 그들이 유다 성읍들과 예루살렘 거리에서 행하는 일을 보지 못하느냐

18 자식들은 나무를 줍고 아버지들은 불을 피우며 부녀들은 가루를 반죽하여 하늘의 여왕을 위하여 과자를 만들며 그들이 또 다른 신들에게 전제를 부음으로 나의 노를 일으키느니라

19 여호와의 말씀이니라 그들이 나를 격노하게 함이냐 자기 얼굴에 부끄러움을 자취함이 아니냐

20 그러므로 주 여호와께서 이와 같이 말씀하시니라 보라 나의 진노와 분노를 이 곳과 사람과 짐승과 들나무와 땅의 소산에 부으리니 불 같이 살라지고 꺼지지 아니하리라 하시니라

21 만군의 여호와 이스라엘의 하나님께서 이와 같이 말씀하시되 너희 희생제물과 번제물의 고기를 아울러 먹으라

22 사실은 내가 너희 조상들을 애굽 땅에서 인도하여 낸 날에 번제나 희생에 대하여 말하지 아니하며 명령하지 아니하고

23 오직 내가 이것을 그들에게 명령하여 이르기를 너희는 내 목소리를 들으라 그리하면 나는 너희 하나님이 되겠고 너희는 내 백성이 되리라 너희는 내가 명령한 모든 길로 걸어가라 그리하면 복을 받으리라 하였으나

24 그들이 순종하지 아니하며 귀를 기울이지도 아니하고 자신들의 악한 마음의 꾀와 완악한 대로 행하여 그 등을 내게로 돌리고 그 얼굴을 향하지 아니하였으며

25 너희 조상들이 애굽 땅에서 나온 날부터 오늘까지 내가 내 종 선지자들을 너희에게 보내되 끊임없이 보내었으나

26 너희가 나에게 순종하지 아니하며 귀를 기울이지 아니하고 목을 굳게 하여 너희 조상들보다 악을 더 행하였느니라

27 네가 그들에게 이 모든 말을 할지라도 그들이 너에게 순종하지 아니할 것이요 네가 그들을 불러도 그들이 네게 대답하지 아니하리니

28 너는 그들에게 말하기를 너희는 너희 하나님 여호와의 목소리를 순종하지 아니하며 교훈을 받지 아니하는 민족이라 진실이 없어져 너희 입에서 끊어졌다 할지니라

도벳 사당을 건축

29 너의 머리털을 베어 버리고 벗은 산 위에서 통곡할지어다 여호와께서 그 노하신 바 이 세대를 끊어 버리셨음이라

30 여호와께서 말씀하시되 유다 자손이 나의 눈 앞에 악을 행하여 내 이름으로 일컬음을 받는 집에 그들의 가증한 것을 두어 집을 더럽혔으며

31 힌놈의 아들 골짜기에 도벳 사당을 건축하고 그들의 자녀들을 불에 살랐나니 내가 명령하지 아니하였고 내 마음에 생각하지도 아니한 일이니라

32 그러므로 여호와께서 말씀하시니라 날이 이르면 이 곳을 도벳이라 하거나 힌놈의 아들의 골짜기라 말하지 아니하고 죽임의 골짜기라 말하리니 이는 도벳에 자리가 없을 만큼 매장했기 때문이니라

33 이 백성의 시체가 공중의 새와 땅의 짐승의 밥이 될 것이나 그것을 쫓을 자가 없을 것이라

34 그 때에 내가 유다 성읍들과 예루살렘 거리에 기뻐하는 소리, 즐거워하는 소리, 신랑의 소리, 신부의 소리가 끊어지게 하리니 땅이 황폐하리라

8장

1 여호와의 말씀이니라 그 때에 사람들이 유다 왕들의 뼈와 그의 지도자들의 뼈와 제사장들의 뼈와 선지자들의 뼈와 예루살렘 주민의 뼈를 그 무덤에서 끌어내어

2 그들이 사랑하며 섬기며 뒤따르며 구하며 경배하던 해와 달과 하늘의 뭇 별 아래에서 펼쳐지게 하리니 그 뼈가 거두이거나 묻히지 못하여 지면에서 분토 같을 것이며

3 이 악한 민족의 남아 있는 자, 무릇 내게 쫓겨나서 각처에 남아 있는 자들이 사는 것보다 죽는 것을 원하리라 만군의 여호와의 말씀이니라

죄와 벌

4 너는 또 그들에게 말하기를 여호와의 말씀에 사람이 엎드러지면 어찌 일어나지 아니하겠으며 사람이 떠나갔으면 어찌 돌아오지 아니하겠느냐

5 이 예루살렘 백성이 항상 나를 떠나 물러감은 어찌함이냐 그들이 거짓을 고집하고 돌아오기를 거절하도다

6 내가 귀를 기울여 들은즉 그들이 정직을 말하지 아니하며 그들의 악을 뉘우쳐서 내가 행한 것이 무엇인고 말하는 자가 없고 전쟁터로 향하여 달리는 말 같이 각각 그 길로 행하도다

7 공중의 학은 그 정한 시기를 알고 산비둘기와 제비와 두루미는 그들이 올 때를 지키거늘 내 백성은 여호와의 규례를 알지 못하도다

8 너희가 어찌 우리는 지혜가 있고 우리에게는 여호와의 율법이 있다 말하겠느냐 참으로 서기관의 거짓의 붓이 거짓되게 하였나니

9 지혜롭다 하는 자들은 부끄러움을 당하며 두려워 떨다가 잡히리라 보라 그들이 여호와의 말을 버렸으니 그들에게 무슨 지혜가 있으랴

10 그러므로 내가 그들의 아내를 타인에게 주겠고 그들의 밭을 그 차지할 자들에게 주리니 그들은 가장 작은 자로부터 큰 자까지 다 욕심내며 선지자로부터 제사장까지 다 거짓을 행함이라

11 그들이 딸 내 백성의 상처를 가볍게 여기면서 말하기를 평강하다, 평강하다 하나 평강이 없도다

12 그들이 가증한 일을 행할 때에 부끄러워하였느냐 아니라 조금도 부끄러워하지 않을 뿐 아니라 얼굴도 붉어지지 아니하였느니라 그러므로 그들이 엎드러질 자와 함께 엎드러질 것이라 내가 그들을 벌할 때에 그들이 거꾸러지리라 여호와의 말씀이니라

13 여호와의 말씀이니라 내가 그들을 진멸하리니 포도나무에 포도가 없을 것이며 무화과나무에 무화과가 없을 것이며 그 잎사귀가 마를 것이라 내가 그들에게 준 것이 없어지리라 하셨나니

14 우리가 어찌 가만히 앉았으랴 모일지어다 우리가 견고한 성읍들로 들어가서 거기에서 멸망하자 우리가 여호와께 범죄하였으므로 우리 하나님 여호와께서 우리를 멸하시며 우리에게 독한 물을 마시게 하심이니라

15 우리가 평강을 바라나 좋은 것이 없으며 고침을 입을 때를 바라나 놀라움뿐이로다

16 그 말의 부르짖음이 단에서부터 들리고 그 준마들이 우는 소리에 온 땅이 진동하며 그들이 이르러 이 땅과 그 소유와 성읍과 그 중의 주민을 삼켰도다

17 여호와의 말씀이니라 내가 술법으로도 제어할 수 없는 뱀과 독사를 너희 가운데 보내리니 그것들이 너희를 물리라 하시도다

선지자의 번뇌

18 슬프다 나의 근심이여 어떻게 위로를 받을 수 있을까 내 마음이 병들었도다

19 딸 내 백성의 심히 먼 땅에서 부르짖는 소리로다 여호와께서 시온에 계시지 아니한가, 그의 왕이 그 가운데 계시지 아니한가 그들이 어찌하여 그 조각한 신상과 이방의 헛된 것들로 나를 격노하게 하였는고 하시니

20 추수할 때가 지나고 여름이 다하였으나 우리는 구원을 얻지 못한다 하는도다

21 딸 내 백성이 상하였으므로 나도 상하여 슬퍼하며 놀라움에 잡혔도다

22 길르앗에는 유향이 있지 아니한가 그 곳에는 의사가 있지 아니한가 딸 내 백성이 치료를 받지 못함은 어찌 됨인고

9장

1 어찌하면 내 머리는 물이 되고 내 눈은 눈물 근원이 될꼬 죽임을 당한 딸 내 백성을 위하여 주야로 울리로다

2 내가 광야에서 나그네가 머무를 곳을 얻는다면 내 백성을 떠나 가리니 그들은 다 간음하는 자요 반역한 자의 무리가 됨이로다

3 여호와의 말씀이니라 그들이 활을 당김 같이 그들의 혀를 놀려 거짓을 말하며 그들이 이 땅에서 강성하나 진실하지 아니하고 악에서 악으로 진행하며 또 나를 알지 못하느니라

4 너희는 각기 이웃을 조심하며 어떤 형제든지 믿지 말라 형제마다 완전히 속이며 이웃마다 다니며 비방함이라

5 그들은 각기 이웃을 속이며 진실을 말하지 아니하며 그들의 혀로 거짓말하기를 가르치며 악을 행하기에 지치거늘

6 네가 사는 곳이 속이는 일 가운데 있도다 그들은 속이는 일로 말미암아 나를 알기를 싫어하느니라 여호와의 말씀이니라

7 그러므로 만군의 여호와께서 이와 같이 말씀하시되 보라 내가 내 딸 백성을 어떻게 처치할꼬 그들을 녹이고 연단하리라

8 그들의 혀는 죽이는 화살이라 거짓을 말하며 입으로는 그 이웃에게 평화를 말하나 마음으로는 해를 꾸미는도다

9 내가 이 일들로 말미암아 그들에게 벌하지 아니하겠으며 내 마음이 이런 나라에 보복하지 않겠느냐 여호와의 말씀이니라

10 내가 산들을 위하여 울며 부르짖으며 광야 목장을 위하여 슬퍼하나니 이는 그것들이 불에 탔으므로 지나는 자가 없으며 거기서 가축의 소리가 들리지 아니하며 공중의 새도 짐승도 다 도망하여 없어졌음이라

11 내가 예루살렘을 무더기로 만들며 승냥이 굴이 되게 하겠고 유다의 성읍들을 황폐하게 하여 주민이 없게 하리라

12 지혜가 있어서 이 일을 깨달을 만한 자가 누구며 여호와의 입의 말씀을 받아서 선포할 자가 누구인고 이 땅이 어찌하여 멸망하여 광야 같이 불타서 지나가는 자가 없게 되었느냐

13 여호와께서 말씀하시되 이는 그들이 내가 그들의 앞에 세운 나의 율법을 버리고 내 목소리를 순종하지 아니하며 그대로 행하지 아니하고

14 그 마음의 완악함을 따라 그 조상들이 자기에게 가르친 바알들을 따랐음이라

15 그러므로 만군의 여호와 이스라엘의 하나님께서 이와 같이 말씀하시니라 보라 내가 그들 곧 이 백성에게 쑥을 먹이며 독한 물을 마시게 하고

16 그들과 그들의 조상이 알지 못하던 여러 나라 가운데에 그들을 흩어 버리고 진멸되기까지 그 뒤로 칼을 보내리라 하셨느니라

사랑과 정의와 공의를 행하시는 여호와

17 만군의 여호와께서 이와 같이 말씀하시되 너희는 잘 생각해 보고 곡하는 부녀를 불러오며 또 사람을 보내 지혜로운 부녀를 불러오되

18 그들로 빨리 와서 우리를 위하여 애곡하여 우리의 눈에서 눈물이 떨어지게 하며 우리 눈꺼풀에서 물이 쏟아지게 하라

19 이는 시온에서 통곡하는 소리가 들리기를 우리가 아주 망하였구나 우리가 크게 부끄러움을 당하였구나 우리가 그 땅을 떠난 것은 그들이 우리 거처를 헐었음이로다 함이로다

20 부녀들이여 여호와의 말씀을 들으라 너희 귀에 그 입의 말씀을 받으라 너희 딸들에게 애곡하게 하고 각기 이웃에게 슬픈 노래를 가르치라

21 무릇 사망이 우리 창문을 통하여 넘어 들어오며 우리 궁실에 들어오며 밖에
　　서는 자녀들을 거리에서는 청년들을 멸절하려 하느니라

22 너는 이같이 말하라 여호와의 말씀에 사람의 시체가 분토 같이 들에 떨어질
　　것이며 추수하는 자의 뒤에 버려져 거두지 못한 곡식단 같이 되리라 하셨느
　　니라

23 여호와께서 이와 같이 말씀하시되 지혜로운 자는 그의 지혜를 자랑하지 말
　　라 용사는 그의 용맹을 자랑하지 말라 부자는 그의 부함을 자랑하지 말라

24 자랑하는 자는 이것으로 자랑할지니 곧 명철하여 나를 아는 것과 나 여호와
　　는 사랑과 정의와 공의를 땅에 행하는 자인 줄 깨닫는 것이라 나는 이 일을
　　기뻐하노라 여호와의 말씀이니라

25 여호와의 말씀이니라 보라 날이 이르면 할례 받은 자와 할례 받지 못한 자
　　를 내가 다 벌하리니

26 곧 애굽과 유다와 에돔과 암몬 자손과 모압과 및 광야에 살면서 살쩍을 깎
　　은 자들에게라 무릇 모든 민족은 할례를 받지 못하였고 이스라엘은 마음에
　　할례를 받지 못하였느니라 하셨느니라

년   월   일

59

10장

우상의 가르침과 참 하나님 여호와

1 이스라엘 집이여 여호와께서 너희에게 이르시는 말씀을 들을지어다

2 여호와께서 이와 같이 말씀하시되 여러 나라의 길을 배우지 말라 이방 사람들은 하늘의 징조를 두려워하거니와 너희는 그것을 두려워하지 말라

3 여러 나라의 풍습은 헛된 것이니 삼림에서 벤 나무요 기술공의 두 손이 도끼로 만든 것이라

4 그들이 은과 금으로 그것에 꾸미고 못과 장도리로 그것을 든든히 하여 흔들리지 않게 하나니

5 그것이 둥근 기둥 같아서 말도 못하며 걸어다니지도 못하므로 사람이 메어야 하느니라 그것이 그들에게 화를 주거나 복을 주지 못하나니 너희는 두려워하지 말라 하셨느니라

6 여호와여 주와 같은 이 없나이다 주는 크시니 주의 이름이 그 권능으로 말미암아 크시니이다

7 이방 사람들의 왕이시여 주를 경외하지 아니할 자가 누구리이까 이는 주께 당연한 일이라 여러 나라와 여러 왕국들의 지혜로운 자들 가운데 주와 같은 이가 없음이니이다

8 그들은 다 무지하고 어리석은 것이니 우상의 가르침은 나무뿐이라

9 다시스에서 가져온 은박과 우바스에서 가져온 금으로 꾸미되 기술공과 은장색의 손으로 만들었고 청색 자색 옷을 입었나니 이는 정교한 솜씨로 만든 것이거니와

10 오직 여호와는 참 하나님이시요 살아 계신 하나님이시요 영원한 왕이시라 그 진노하심에 땅이 진동하며 그 분노하심을 이방이 능히 당하지 못하느니라

11 너희는 이같이 그들에게 이르기를 천지를 짓지 아니한 신들은 땅 위에서, 이 하늘 아래에서 망하리라 하라

만물의 조성자 만군의 여호와

12 여호와께서 그의 권능으로 땅을 지으셨고 그의 지혜로 세계를 세우셨고 그의 명철로 하늘을 펴셨으며

13 그가 목소리를 내신즉 하늘에 많은 물이 생기나니 그는 땅 끝에서 구름이 오르게 하시며 비를 위하여 번개치게 하시며 그 곳간에서 바람을 내시거늘

14 사람마다 어리석고 무식하도다 은장이마다 자기의 조각한 신상으로 말미암아 수치를 당하나니 이는 그가 부어 만든 우상은 거짓 것이요 그 속에 생기가 없음이라

15 그것들은 헛 것이요 망령되이 만든 것인즉 징벌하실 때에 멸망할 것이나

16 야곱의 분깃은 이같지 아니하시니 그는 만물의 조성자요 이스라엘은 그의 기업의 지파라 그 이름은 만군의 여호와시니라

백성의 탄식

17 에워싸인 가운데에 앉은 자여 네 짐 꾸러미를 이 땅에서 꾸리라

18 여호와께서 이와 같이 말씀하시되 보라 내가 이 땅에 사는 자를 이번에는 내던질 것이라 그들을 괴롭게 하여 깨닫게 하리라 하셨느니라

19 슬프다 내 상처여 내가 중상을 당하였도다 그러나 내가 말하노라 이는 참으로 고난이라 내가 참아야 하리로다

20 내 장막이 무너지고 나의 모든 줄이 끊어졌으며 내 자녀가 나를 떠나가고 있지 아니하니 내 장막을 세울 자와 내 휘장을 칠 자가 다시 없도다

21 목자들은 어리석어 여호와를 찾지 아니하므로 형통하지 못하며 그 모든 양 떼는 흩어졌도다

22 들을지어다 북방에서부터 크게 떠드는 소리가 들리니 유다 성읍들을 황폐하게 하여 승냥이의 거처가 되게 하리로다

23 여호와여 내가 알거니와 사람의 길이 자신에게 있지 아니하니 걸음을 지도함이 걷는 자에게 있지 아니하니이다

24 여호와여 나를 징계하옵시되 너그러이 하시고 진노로 하지 마옵소서 주께서 내가 없어지게 하실까 두려워하나이다

25 주를 알지 못하는 이방 사람들과 주의 이름으로 기도하지 아니하는 족속들에게 주의 분노를 부으소서 그들은 야곱을 씹어 삼켜 멸하고 그의 거처를 황폐하게 하였나이다 하니라

11장

여호와께서 이르신 언약의 말

1 여호와께로부터 예레미야에게 임한 말씀이라 이르시되

2 너희는 이 언약의 말을 듣고 유다인과 예루살렘 주민에게 말하라

3 그들에게 이르기를 이스라엘의 하나님 여호와께서 이와 같이 말씀하시되 이 언약의 말을 따르지 않는 자는 저주를 받을 것이니라

4 이 언약은 내가 너희 조상들을 쇠풀무 애굽 땅에서 이끌어내던 날에 그들에게 명령한 것이라 곧 내가 이르기를 너희는 내 목소리를 순종하고 나의 모든 명령을 따라 행하라 그리하면 너희는 내 백성이 되겠고 나는 너희의 하나님이 되리라

5 내가 또 너희 조상들에게 한 맹세는 그들에게 젖과 꿀이 흐르는 땅을 주리라 한 언약을 이루리라 한 것인데 오늘이 그것을 증언하느니라 하라 하시기로 내가 대답하여 이르되 아멘 여호와여 하였노라

6 여호와께서 내게 이르시되 너는 이 모든 말로 유다 성읍들과 예루살렘 거리에서 선포하여 이르기를 너희는 이 언약의 말을 듣고 지키라

7 내가 너희 조상들을 애굽 땅에서 인도하여 낸 날부터 오늘까지 간절히 경계하며 끊임없이 경계하기를 너희는 내 목소리를 순종하라 하였으나

8 그들이 순종하지 아니하며 귀를 기울이지도 아니하고 각각 그 악한 마음의 완악한 대로 행하였으므로 내가 그들에게 행하라 명령하였어도 그들이 행하지 아니한 이 언약의 모든 규정대로 그들에게 이루게 하였느니라 하라

9 여호와께서 또 내게 이르시되 유다인과 예루살렘 주민 중에 반역이 있도다

10 그들이 내 말 듣기를 거절한 자기들의 선조의 죄악으로 돌아가서 다른 신들을 따라 섬겼은즉 이스라엘 집과 유다 집이 내가 그들의 조상들과 맺은 언약을 깨뜨렸도다

11 그러므로 나 여호와가 이와 같이 말하노라 보라 내가 재앙을 그들에게 내리리니 그들이 피할 수 없을 것이라 그들이 내게 부르짖을지라도 내가 듣지 아니할 것인즉

12 유다 성읍들과 예루살렘 주민이 그 분향하는 신들에게 가서 부르짖을지라도 그 신들이 그 고난 가운데에서 절대로 그들을 구원하지 못하리라

13 유다야 네 신들이 네 성읍의 수와 같도다 너희가 예루살렘 거리의 수대로 그 수치스러운 물건의 제단 곧 바알에게 분향하는 제단을 쌓았도다

14 그러므로 너는 이 백성을 위하여 기도하지 말라 그들을 위하여 부르짖거나 구하지 말라 그들이 그 고난으로 말미암아 내게 부르짖을 때에 내가 그들에게서 듣지 아니하리라

15 나의 사랑하는 자가 많은 악한 음모를 꾸미더니 나의 집에서 무엇을 하려느냐 거룩한 제물 고기로 네 재난을 피할 수 있겠느냐 그 때에 네가 기뻐하겠느냐

16 여호와께서는 그의 이름을 일컬어 좋은 열매 맺는 아름다운 푸른 감람나무라 하였었으나 큰 소동 중에 그 위에 불을 피웠고 그 가지는 꺾였도다

17 바알에게 분향함으로 나의 노여움을 일으킨 이스라엘 집과 유다 집의 악으로 말미암아 그를 심은 만군의 여호와께서 그에게 재앙을 선언하셨느니라

아나돗 사람들이 예레미야를 죽이려고 꾀하다

18 여호와께서 내게 알게 하셨으므로 내가 그것을 알았나이다 그 때에 주께서 그들의 행위를 내게 보이셨나이다

19 나는 끌려서 도살 당하러 가는 순한 어린 양과 같으므로 그들이 나를 해하려고 꾀하기를 우리가 그 나무와 열매를 함께 박멸하자 그를 살아 있는 자의 땅에서 끊어서 그의 이름이 다시 기억되지 못하게 하자 함을 내가 알지 못하였나이다

20 공의로 판단하시며 사람의 마음을 감찰하시는 만군의 여호와여 나의 원통함을 주께 아뢰었사오니 그들에게 대한 주의 보복을 내가 보리이다 하였더니

21 여호와께서 아나돗 사람들에 대하여 이와 같이 말씀하시되 그들이 네 생명을 빼앗으려고 찾아 이르기를 너는 여호와의 이름으로 예언하지 말라 두렵건대 우리 손에 죽을까 하노라 하도다

22 그러므로 만군의 여호와께서 이와 같이 말씀하시니라 보라 내가 그들을 벌하리니 청년들은 칼에 죽으며 자녀들은 기근에 죽고

23 남는 자가 없으리라 내가 아나돗 사람에게 재앙을 내리리니 곧 그들을 벌할 해에니라

12장

예레미야의 질문

1 여호와여 내가 주와 변론할 때에는 주께서 의로우시니이다 그러나 내가 주께 질문하옵나니 악한 자의 길이 형통하며 반역한 자가 다 평안함은 무슨 까닭이니이까

2 주께서 그들을 심으시므로 그들이 뿌리가 박히고 장성하여 열매를 맺었거늘 그들의 입은 주께 가까우나 그들의 마음은 머니이다

3 여호와여 주께서 나를 아시고 나를 보시며 내 마음이 주를 향하여 어떠함을 감찰하시오니 양을 잡으려고 끌어냄과 같이 그들을 끌어내시되 죽일 날을 위하여 그들을 구별하옵소서

4 언제까지 이 땅이 슬퍼하며 온 지방의 채소가 마르리이까 짐승과 새들도 멸절하게 되었사오니 이는 이 땅 주민이 악하여 스스로 말하기를 그가 우리의 나중 일을 보지 못하리라 함이니이다

5 만일 네가 보행자와 함께 달려도 피곤하면 어찌 능히 말과 경주하겠느냐 네가 평안한 땅에서는 무사하려니와 요단 강 물이 넘칠 때에는 어찌하겠느냐

6 네 형제와 아버지의 집이라도 너를 속이며 네 뒤에서 크게 외치나니 그들이 네게 좋은 말을 할지라도 너는 믿지 말지니라

황무지의 슬픔과 여호와의 분노

7 내가 내 집을 버리며 내 소유를 내던져 내 마음으로 사랑하는 것을 그 원수의 손에 넘겼나니

8 내 소유가 숲속의 사자 같이 되어서 나를 향하여 그 소리를 내므로 내가 그를 미워하였음이로라

9 내 소유가 내게 대하여는 무늬 있는 매가 아니냐 매들이 그것을 에워싸지 아니하느냐 너희는 가서 들짐승들을 모아다가 그것을 삼키게 하라

10 많은 목자가 내 포도원을 헐며 내 몫을 짓밟아서 내가 기뻐하는 땅을 황무지로 만들었도다

11 그들이 이를 황폐하게 하였으므로 그 황무지가 나를 향하여 슬퍼하는도다 온 땅이 황폐함은 이를 마음에 두는 자가 없음이로다

12 파괴하는 자들이 광야의 모든 벗은 산 위에 이르렀고 여호와의 칼이 땅 이 끝에서 저 끝까지 삼키니 모든 육체가 평안하지 못하도다

13 무리가 밀을 심어도 가시를 거두며 수고하여도 소득이 없은즉 그 소산으로 말미암아 스스로 수치를 당하리니 이는 여호와의 분노로 말미암음이니라

여호와의 악한 이웃에 대하여

14 내가 내 백성 이스라엘에게 기업으로 준 소유에 손을 대는 나의 모든 악한 이웃에 대하여 여호와께서 이와 같이 말씀하시니라 보라 내가 그들을 그 땅 에서 뽑아 버리겠고 유다 집을 그들 가운데서 뽑아 내리라

15 내가 그들을 뽑아 낸 후에 내가 돌이켜 그들을 불쌍히 여겨서 각 사람을 그 들의 기업으로, 각 사람을 그 땅으로 다시 인도하리니

16 그들이 내 백성의 도를 부지런히 배우며 살아 있는 여호와라는 내 이름으 로 맹세하기를 자기들이 내 백성을 가리켜 바알로 맹세하게 한 것 같이 하 면 그들이 내 백성 가운데에 세움을 입으려니와

17 그들이 순종하지 아니하면 내가 반드시 그 나라를 뽑으리라 뽑아 멸하리라 여호와의 말씀이니라

13장

허리 띠

1 여호와께서 이와 같이 내게 이르시되 너는 가서 베 띠를 사서 네 허리에 띠고 물에 적시지 말라 하시기로

2 내가 여호와의 말씀대로 띠를 사서 내 허리에 띠니라

3 여호와의 말씀이 다시 내게 임하여 이르시되

4 너는 사서 네 허리에 띤 띠를 가지고 일어나 유브라데로 가서 거기서 그것을 바위 틈에 감추라 하시기로

5 내가 여호와께서 내게 명령하신 대로 가서 그것을 유브라데 물 가에 감추니라

6 여러 날 후에 여호와께서 내게 이르시되 일어나 유브라데로 가서 내가 네게 명령하여 거기 감추게 한 띠를 가져오라 하시기로

7 내가 유브라데로 가서 그 감추었던 곳을 파고 띠를 가져오니 띠가 썩어서 쓸 수 없게 되었더라

8 여호와의 말씀이 내게 임하니라 이르시되

9 여호와께서 이와 같이 말씀하시니라 내가 유다의 교만과 예루살렘의 큰 교만을 이같이 썩게 하리라

10 이 악한 백성이 내 말 듣기를 거절하고 그 마음의 완악한 대로 행하며 다른 신들을 따라 그를 섬기며 그에게 절하니 그들이 이 띠가 쓸 수 없음 같이 되리라

11 여호와의 말씀이니라 띠가 사람의 허리에 속함 같이 내가 이스라엘 온 집과 유다 온 집으로 내게 속하게 하여 그들로 내 백성이 되게 하며 내 이름과 명예와 영광이 되게 하려 하였으나 그들이 듣지 아니하였느니라

포도주 가죽부대

12 그러므로 너는 이 말로 그들에게 이르기를 이스라엘의 하나님 여호와의 말씀에 모든 가죽부대가 포도주로 차리라 하셨다 하라 그리하면 그들이 네게 이르기를 모든 가죽부대가 포도주로 찰 줄을 우리가 어찌 알지 못하리요 하리니

년   월   일

75

13 너는 다시 그들에게 이르기를 여호와의 말씀에 보라 내가 이 땅의 모든 주
   민과 다윗의 왕위에 앉은 왕들과 제사장들과 선지자들과 예루살렘 모든 주
   민으로 잔뜩 취하게 하고

14 또 그들로 피차 충돌하여 상하게 하되 부자 사이에도 그러하게 할 것이라
   내가 그들을 불쌍히 여기지 아니하며 사랑하지 아니하며 아끼지 아니하고
   멸하리라 하셨다 하라 여호와의 말씀이니라

교만에 대한 경고

15 너희는 들을지어다, 귀를 기울일지어다, 교만하지 말지어다, 여호와께서 말
   씀하셨음이라

16 그가 어둠을 일으키시기 전, 너희 발이 어두운 산에 거치기 전, 너희 바라
   는 빛이 사망의 그늘로 변하여 침침한 어둠이 되게 하시기 전에 너희 하나
   님 여호와께 영광을 돌리라

17 너희가 이를 듣지 아니하면 나의 심령이 너희 교만으로 말미암아 은밀한 곳
   에서 울 것이며 여호와의 양 떼가 사로잡힘으로 말미암아 눈물을 흘려 통곡
   하리라

18 너는 왕과 왕후에게 전하기를 스스로 낮추어 앉으라 관 곧 영광의 면류관이
   내려졌다 하라

19 네겝의 성읍들이 봉쇄되어 열 자가 없고 유다가 다 잡혀가되 온전히 잡혀가
   도다

20 너는 눈을 들어 북방에서 오는 자들을 보라 네게 맡겼던 양 떼, 네 아름다운
   양 떼는 어디 있느냐

21 너의 친구 삼았던 자를 그가 네 위에 우두머리로 세우실 때에 네가 무슨 말
   을 하겠느냐 네가 고통에 사로잡힘이 산고를 겪는 여인 같지 않겠느냐

22 네가 마음으로 이르기를 어찌하여 이런 일이 내게 닥쳤는고 하겠으나 네 죄
   악이 크므로 네 치마가 들리고 네 발뒤꿈치가 상함이니라

23 구스인이 그의 피부를, 표범이 그의 반점을 변하게 할 수 있느냐 할 수 있을 진대 악에 익숙한 너희도 선을 행할 수 있으리라

24 그러므로 내가 그들을 사막 바람에 불려가는 검불 같이 흩으리로다

25 여호와의 말씀이니라 이는 네 몫이요 내가 헤아려 정하여 네게 준 분깃이니 네가 나를 잊어버리고 거짓을 신뢰하는 까닭이라

26 그러므로 내가 네 치마를 네 얼굴에까지 들춰서 네 수치를 드러내리라

27 내가 너의 간음과 사악한 소리와 들의 작은 산 위에서 네가 행한 음란과 음 행과 가증한 것을 보았노라 화 있을진저 예루살렘이여 네가 얼마나 오랜 후 에야 정결하게 되겠느냐 하시니라

14장

칼과 기근

1 가뭄에 대하여 예레미야에게 임한 여호와의 말씀이라

2 유다가 슬퍼하며 성문의 무리가 피곤하여 땅 위에서 애통하니 예루살렘의 부르짖음이 위로 오르도다

3 귀인들은 자기 사환들을 보내어 물을 얻으려 하였으나 그들이 우물에 갔어 도 물을 얻지 못하여 빈 그릇으로 돌아오니 부끄럽고 근심하여 그들의 머리 를 가리며

4 땅에 비가 없어 지면이 갈라지니 밭 가는 자가 부끄러워서 그의 머리를 가 리는도다

5 들의 암사슴은 새끼를 낳아도 풀이 없으므로 내버리며

6 들 나귀들은 벗은 산 위에 서서 승냥이 같이 헐떡이며 풀이 없으므로 눈이 흐려지는도다

7 여호와여 우리의 죄악이 우리에게 대하여 증언할지라도 주는 주의 이름을 위하여 일하소서 우리의 타락함이 많으니이다 우리가 주께 범죄하였나이다

8 이스라엘의 소망이시요 고난 당한 때의 구원자시여 어찌하여 이 땅에서 거류하는 자 같이, 하룻밤을 유숙하는 나그네 같이 하시나이까

9 어찌하여 놀란 자 같으시며 구원하지 못하는 용사 같으시니이까 여호와여 주는 그래도 우리 가운데 계시고 우리는 주의 이름으로 일컬음을 받는 자이오니 우리를 버리지 마옵소서

10 여호와께서 이 백성에 대하여 이와 같이 말씀하시되 그들이 어그러진 길을 사랑하여 그들의 발을 멈추지 아니하므로 여호와께서 그들을 받지 아니하고 이제 그들의 죄를 기억하시고 그 죄를 벌하시리라 하시고

11 여호와께서 또 내게 이르시되 너는 이 백성을 위하여 복을 구하지 말라

12 그들이 금식할지라도 내가 그 부르짖음을 듣지 아니하겠고 번제와 소제를 드릴지라도 내가 그것을 받지 아니할 뿐 아니라 칼과 기근과 전염병으로 내가 그들을 멸하리라

13 이에 내가 말하되 슬프도소이다 주 여호와여 보시옵소서 선지자들이 그들에게 이르기를 너희가 칼을 보지 아니하겠고 기근은 너희에게 이르지 아니할 것이라 내가 이 곳에서 너희에게 확실한 평강을 주리라 하나이다

14 여호와께서 내게 이르시되 선지자들이 내 이름으로 거짓 예언을 하도다 나는 그들을 보내지 아니하였고 그들에게 명령하거나 이르지 아니하였거늘 그들이 거짓 계시와 점술과 헛된 것과 자기 마음의 거짓으로 너희에게 예언하는도다

15 그러므로 내가 보내지 아니하였어도 내 이름으로 예언하여 이르기를 칼과 기근이 이 땅에 이르지 아니하리라 하는 선지자들에 대하여 여호와께서 이와 같이 말씀하셨노라 그 선지자들은 칼과 기근에 멸망할 것이요

16 그들의 예언을 받은 백성은 기근과 칼로 말미암아 예루살렘 거리에 던짐을 당할 것인즉 그들을 장사할 자가 없을 것이요 그들의 아내와 아들과 딸이 그렇게 되리니 이는 내가 그들의 악을 그 위에 부음이니라

17 너는 이 말로 그들에게 이르라 내 눈이 밤낮으로 그치지 아니하고 눈물을 흘리리니 이는 처녀 딸 내 백성이 큰 파멸, 중한 상처로 말미암아 망함이라

18 내가 들에 나간즉 칼에 죽은 자요 내가 성읍에 들어간즉 기근으로 병든 자며 선지자나 제사장이나 알지 못하는 땅으로 두루 다니도다

백성이 주께 간구하다

19 주께서 유다를 온전히 버리시나이까 주의 심령이 시온을 싫어하시나이까 어찌하여 우리를 치시고 치료하지 아니하시나이까 우리가 평강을 바라도 좋은 것이 없고 치료 받기를 기다리나 두려움만 보나이다

20 여호와여 우리의 악과 우리 조상의 죄악을 인정하나이다 우리가 주께 범죄하였나이다

21 주의 이름을 위하여 우리를 미워하지 마옵소서 주의 영광의 보좌를 욕되게 마옵소서 주께서 우리와 세우신 언약을 기억하시고 폐하지 마옵소서

22 이방인의 우상 가운데 능히 비를 내리게 할 자가 있나이까 하늘이 능히 소나기를 내릴 수 있으리이까 우리 하나님 여호와여 그리하는 자는 주가 아니시니이까 그러므로 우리가 주를 앙망하옵는 것은 주께서 이 모든 것을 만드셨음이니이다 하니라

15장

네 가지로 백성을 벌하리라

1 여호와께서 내게 이르시되 모세와 사무엘이 내 앞에 섰다 할지라도 내 마음은 이 백성을 향할 수 없나니 그들을 내 앞에서 쫓아 내보내라

2 그들이 만일 네게 말하기를 우리가 어디로 나아가리요 하거든 너는 그들에게 이르기를 여호와께서 이와 같이 말씀하시니라 죽을 자는 죽음으로 나아가고 칼을 받을 자는 칼로 나아가고 기근을 당할 자는 기근으로 나아가고 포로 될 자는 포로 됨으로 나아갈지니라 하셨다 하라

3 여호와의 말씀이니라 내가 그들을 네 가지로 벌하리니 곧 죽이는 칼과 찢는 개와 삼켜 멸하는 공중의 새와 땅의 짐승으로 할 것이며

4 유다 왕 히스기야의 아들 므낫세가 예루살렘에 행한 것으로 말미암아 내가 그들을 세계 여러 민족 가운데에 흩으리라

5 예루살렘아 너를 불쌍히 여길 자 누구며 너를 위해 울 자 누구며 돌이켜 네 평안을 물을 자 누구냐

6 여호와께서 이르시되 네가 나를 버렸고 내게서 물러갔으므로 네게로 내 손을 펴서 너를 멸하였노니 이는 내가 뜻을 돌이키기에 지쳤음이로다

7 내가 그들을 그 땅의 여러 성문에서 키로 까불러 그 자식을 끊어서 내 백성을 멸하였나니 이는 그들이 자기들의 길에서 돌이키지 아니하였음이라

8 그들의 과부가 내 앞에 바다 모래보다 더 많아졌느니라 내가 대낮에 파멸시킬 자를 그들에게로 데려다가 그들과 청년들의 어미를 쳐서 놀람과 두려움을 그들에게 갑자기 닥치게 하였으며

9 일곱을 낳은 여인에게는 쇠약하여 기절하게 하며 아직도 대낮에 그의 해가 떨어져서 그에게 수치와 근심을 당하게 하였느니라 그 남은 자는 그들의 대적의 칼에 붙이리라 여호와의 말씀이니라

예레미야의 기도와 여호와의 말씀

10 내게 재앙이로다 나의 어머니여 어머니께서 나를 온 세계에 다투는 자와 싸우는 자를 만날 자로 낳으셨도다 내가 꾸어 주지도 아니하였고 사람이 내게 꾸이지도 아니하였건마는 다 나를 저주하는도다

11 여호와께서 이르시되 내가 진실로 너를 강하게 할 것이요 너에게 복을 받게 할 것이며 내가 진실로 네 원수로 재앙과 환난의 때에 네게 간구하게 하리라

12 누가 능히 철 곧 북방의 철과 놋을 꺾으리요

13 그러나 네 모든 죄로 말미암아 네 국경 안의 모든 재산과 보물로 값 없이 탈취를 당하게 할 것이며

14 네 원수와 함께 네가 알지 못하는 땅에 이르게 하리니 이는 나의 진노의 맹렬한 불이 너희를 사르려 함이라

15 여호와여 주께서 아시오니 원하건대 주는 나를 기억하시며 돌보시사 나를 박해하는 자에게 보복하시고 주의 오래 참으심으로 말미암아 나로 멸망하지 아니하게 하옵시며 주를 위하여 내가 부끄러움 당하는 줄을 아시옵소서

16 만군의 하나님 여호와시여 나는 주의 이름으로 일컬음을 받는 자라 내가 주의 말씀을 얻어 먹었사오니 주의 말씀은 내게 기쁨과 내 마음의 즐거움이오나

17 내가 기뻐하는 자의 모임 가운데 앉지 아니하며 즐거워하지도 아니하고 주의 손에 붙들려 홀로 앉았사오니 이는 주께서 분노로 내게 채우셨음이니이다

18 나의 고통이 계속하며 상처가 중하여 낫지 아니함은 어찌 됨이니이까 주께서는 내게 대하여 물이 말라서 속이는 시내 같으시리이까

19 여호와께서 이와 같이 말씀하시되 네가 만일 돌아오면 내가 너를 다시 이끌어 내 앞에 세울 것이며 네가 만일 헛된 것을 버리고 귀한 것을 말한다면 너는 나의 입이 될 것이라 그들은 네게로 돌아오려니와 너는 그들에게로 돌아가지 말지니라

20 내가 너로 이 백성 앞에 견고한 놋 성벽이 되게 하리니 그들이 너를 칠지라도 이기지 못할 것은 내가 너와 함께 하여 너를 구하여 건짐이라 여호와의 말씀이니라

21 내가 너를 악한 자의 손에서 건지며 무서운 자의 손에서 구원하리라

16장

백성에게 할 말

1 여호와의 말씀이 또 내게 임하여 이르시되

2 너는 이 땅에서 아내를 맞이하지 말며 자녀를 두지 말지니라

3 이 곳에서 낳은 자녀와 이 땅에서 그들을 해산한 어머니와 그들을 낳은 아버지에 대하여 여호와께서 이와 같이 말씀하시오니

4 그들은 독한 병으로 죽어도 아무도 슬퍼하지 않을 것이며 묻어 주지 않아 지면의 분토와 같을 것이며 칼과 기근에 망하고 그 시체는 공중의 새와 땅의 짐승의 밥이 되리라

5 여호와께서 이와 같이 말씀하시되 초상집에 들어가지 말라 가서 통곡하지 말며 그들을 위하여 애곡하지 말라 내가 이 백성에게서 나의 평강을 빼앗으며 인자와 사랑을 제함이라 여호와의 말씀이니라

6 큰 자든지 작은 자든지 이 땅에서 죽으리니 그들이 매장되지 못할 것이며 그들을 위하여 애곡하는 자도 없겠고 자기 몸을 베거나 머리털을 미는 자도 없을 것이며

7 그 죽은 자로 말미암아 슬퍼하는 자와 떡을 떼며 위로하는 자가 없을 것이며 그들의 아버지나 어머니의 상사를 위하여 위로의 잔을 그들에게 마시게 할 자가 없으리라

8 너는 잔칫집에 들어가서 그들과 함께 앉아 먹거나 마시지 말라

9 만군의 여호와 이스라엘의 하나님께서 이와 같이 말씀하시니라 보라 기뻐하는 소리와 즐거워하는 소리와 신랑의 소리와 신부의 소리를 내가 네 목전, 네 시대에 이 곳에서 끊어지게 하리라

10 네가 이 모든 말로 백성에게 말할 때에 그들이 네게 묻기를 여호와께서 우리에게 이 모든 큰 재앙을 선포하심은 어찌 됨이며 우리의 죄악은 무엇이며 우리가 우리 하나님 여호와께 범한 죄는 무엇이냐 하거든

11 너는 그들에게 대답하기를 여호와께서 말씀하시되 너희 조상들이 나를 버리고 다른 신들을 따라서 그들을 섬기며 그들에게 절하고 나를 버려 내 율법을 지키지 아니하였음이라

12 너희가 너희 조상들보다 더욱 악을 행하였도다 보라 너희가 각기 악한 마음의 완악함을 따라 행하고 나에게 순종하지 아니하였으므로

13 내가 너희를 이 땅에서 쫓아내어 너희와 너희 조상들이 알지 못하던 땅에 이르게 할 것이라 너희가 거기서 주야로 다른 신들을 섬기리니 이는 내가 너희에게 은혜를 베풀지 아니함이라 하셨다 하라

포로의 귀환

14 여호와의 말씀이니라 그러나 보라 날이 이르리니 다시는 이스라엘 자손을 애굽 땅에서 인도하여 내신 여호와께서 살아 계심을 두고 맹세하지 아니하고

15 이스라엘 자손을 북방 땅과 그 쫓겨 났던 모든 나라에서 인도하여 내신 여호와께서 살아 계심을 두고 맹세하리라 내가 그들을 그들의 조상들에게 준 그들의 땅으로 인도하여 들이리라

악과 죄를 배나 갚을 것이라

16 여호와의 말씀이니라 보라 내가 많은 어부를 불러다가 그들을 낚게 하며 그 후에 많은 포수를 불러다가 그들을 모든 산과 모든 언덕과 바위 틈에서 사냥하게 하리니

17 이는 내 눈이 그들의 행위를 살펴보므로 그들이 내 얼굴 앞에서 숨기지 못하며 그들의 죄악이 내 목전에서 숨겨지지 못함이라

18 내가 우선 그들의 악과 죄를 배나 갚을 것은 그들이 그 미운 물건의 시체로 내 땅을 더럽히며 그들의 가증한 것으로 내 기업에 가득하게 하였음이라

예레미야의 기도

19 여호와 나의 힘, 나의 요새, 환난날의 피난처시여 민족들이 땅 끝에서 주께 이르러 말하기를 우리 조상들의 계승한 바는 허망하고 거짓되고 무익한 것뿐이라

20 사람이 어찌 신 아닌 것을 자기의 신으로 삼겠나이까 하리이다

21 여호와께서 이르시되 보라 이번에 그들에게 내 손과 내 능력을 알려서 그들로 내 이름이 여호와인 줄 알게 하리라

17장

유다의 죄와 벌

1 유다의 죄는 금강석 끝 철필로 기록되되 그들의 마음 판과 그들의 제단 뿔에 새겨졌거늘

2 그들의 자녀가 높은 언덕 위 푸른 나무 곁에 있는 그 제단들과 아세라들을 생각하도다

3 들에 있는 나의 산아 네 온 영토의 죄로 말미암아 내가 네 재산과 네 모든 보물과 산당들로 노략을 당하게 하리니

4 내가 네게 준 네 기업에서 네 손을 뗄 것이며 또 내가 너로 하여금 너의 알지 못하는 땅에서 네 원수를 섬기게 하리니 이는 너희가 내 노를 맹렬하게 하여 영원히 타는 불을 일으켰음이라

5 여호와께서 이와 같이 말씀하시니라 무릇 사람을 믿으며 육신으로 그의 힘을 삼고 마음이 여호와에게서 떠난 그 사람은 저주를 받을 것이라

6 그는 사막의 떨기나무 같아서 좋은 일이 오는 것을 보지 못하고 광야 간조한 곳, 건건한 땅, 사람이 살지 않는 땅에 살리라

7 그러나 무릇 여호와를 의지하며 여호와를 의뢰하는 그 사람은 복을 받을 것이라

8 그는 물 가에 심어진 나무가 그 뿌리를 강변에 뻗치고 더위가 올지라도 두려워하지 아니하며 그 잎이 청청하며 가무는 해에도 걱정이 없고 결실이 그치지 아니함 같으리라

9 만물보다 거짓되고 심히 부패한 것은 마음이라 누가 능히 이를 알리요마는

10 나 여호와는 심장을 살피며 폐부를 시험하고 각각 그의 행위와 그의 행실대로 보응하나니

11 불의로 치부하는 자는 자고새가 낳지 아니한 알을 품음 같아서 그의 중년에 그것이 떠나겠고 마침내 어리석은 자가 되리라

예레미야의 간구

12 영화로우신 보좌여 시작부터 높이 계시며 우리의 성소이시며

13 이스라엘의 소망이신 여호와여 무릇 주를 버리는 자는 다 수치를 당할 것이라 무릇 여호와를 떠나는 자는 흙에 기록이 되오리니 이는 생수의 근원이신 여호와를 버림이니이다

14 여호와여 주는 나의 찬송이시오니 나를 고치소서 그리하시면 내가 낫겠나이다 나를 구원하소서 그리하시면 내가 구원을 얻으리이다

15 보라 그들이 내게 이르기를 여호와의 말씀이 어디 있느냐 이제 임하게 할지어다 하나이다

16 나는 목자의 직분에서 물러가지 아니하고 주를 따랐사오며 재앙의 날도 내가 원하지 아니하였음을 주께서 아시는 바라 내 입술에서 나온 것이 주의 목전에 있나이다

17 주는 내게 두려움이 되지 마옵소서 재앙의 날에 주는 나의 피난처시니이다

18 나를 박해하는 자로 치욕을 당하게 하시고 나로 치욕을 당하게 마옵소서 그들은 놀라게 하시고 나는 놀라게 하지 마시옵소서 재앙의 날을 그들에게 임하게 하시며 배나 되는 멸망으로 그들을 멸하소서

안식일을 거룩하게 하라

19 여호와께서 내게 이와 같이 말씀하시되 너는 가서 유다 왕들이 출입하는 평민의 문과 예루살렘 모든 문에 서서

20 무리에게 이르기를 이 문으로 들어오는 유다 왕들과 유다 모든 백성과 예루살렘 모든 주민인 너희는 여호와의 말씀을 들을지어다

21 여호와께서 이와 같이 말씀하시되 너희는 스스로 삼가서 안식일에 짐을 지고 예루살렘 문으로 들어오지 말며

22 안식일에 너희 집에서 짐을 내지 말며 어떤 일이라도 하지 말고 내가 너희 조상들에게 명령함 같이 안식일을 거룩히 할지어다

23 그들은 순종하지 아니하며 귀를 기울이지 아니하며 그 목을 곧게 하여 듣지 아니하며 교훈을 받지 아니하였느니라

24 여호와의 말씀이니라 너희가 만일 삼가 나를 순종하여 안식일에 짐을 지고 이 성문으로 들어오지 아니하며 안식일을 거룩히 하여 어떤 일이라도 하지 아니하면

25 다윗의 왕위에 앉아 있는 왕들과 고관들이 병거와 말을 타고 이 성문으로 들어오되 그들과 유다 모든 백성과 예루살렘 주민들이 함께 그리할 것이요 이 성은 영원히 있을 것이며

26 사람들이 유다 성읍들과 예루살렘에 둘린 곳들과 베냐민 땅과 평지와 산지와 네겝으로부터 와서 번제와 희생과 소제와 유향과 감사제물을 여호와의 성전에 가져오려니와

27 그러나 만일 너희가 나를 순종하지 아니하고 안식일을 거룩되게 아니하여 안식일에 짐을 지고 예루살렘 문으로 들어오면 내가 성문에 불을 놓아 예루살렘 궁전을 삼키게 하리니 그 불이 꺼지지 아니하리라 하셨다 할지니라 하시니라

토기장이의 비유

1 여호와께로부터 예레미야에게 임한 말씀에 이르시되

2 너는 일어나 토기장이의 집으로 내려가라 내가 거기에서 내 말을 네게 들려 주리라 하시기로

3 내가 토기장이의 집으로 내려가서 본즉 그가 녹로로 일을 하는데

4 진흙으로 만든 그릇이 토기장이의 손에서 터지매 그가 그것으로 자기 의견에 좋은 대로 다른 그릇을 만들더라

5 그 때에 여호와의 말씀이 내게 임하니라 이르시되

6 여호와의 말씀이니라 이스라엘 족속아 이 토기장이가 하는 것 같이 내가 능히 너희에게 행하지 못하겠느냐 이스라엘 족속아 진흙이 토기장이의 손에 있음 같이 너희가 내 손에 있느니라

7   내가 어느 민족이나 국가를 뽑거나 부수거나 멸하려 할 때에

8   만일 내가 말한 그 민족이 그의 악에서 돌이키면 내가 그에게 내리기로 생
    각하였던 재앙에 대하여 뜻을 돌이키겠고

9   내가 어느 민족이나 국가를 건설하거나 심으려 할 때에

10 만일 그들이 나 보기에 악한 것을 행하여 내 목소리를 청종하지 아니하면
    내가 그에게 유익하게 하리라고 한 복에 대하여 뜻을 돌이키리라

11 그러므로 이제 너는 유다 사람들과 예루살렘 주민들에게 말하여 이르기를
    여호와의 말씀에 보라 내가 너희에게 재앙을 내리며 계책을 세워 너희를 치
    려 하노니 너희는 각기 악한 길에서 돌이키며 너희의 길과 행위를 아름답게
    하라 하셨다 하라

12 그러나 그들이 말하기를 이는 헛되니 우리는 우리의 계획대로 행하며 우리
    는 각기 악한 마음이 완악한 대로 행하리라 하느니라

이스라엘이 가증한 일을 행하다

13 그러므로 여호와께서 이와 같이 말씀하시니라 너희는 누가 이러한 일을 들
    었는지 여러 나라 가운데 물어보라 처녀 이스라엘이 심히 가증한 일을 행하
    였도다

14 레바논의 눈이 어찌 들의 바위를 떠나겠으며 먼 곳에서 흘러내리는 찬물이
    어찌 마르겠느냐

15 무릇 내 백성은 나를 잊고 허무한 것에게 분향하거니와 이러한 것들은 그들
    로 그들의 길 곧 그 옛길에서 넘어지게 하며 곁길 곧 닦지 아니한 길로 행하
    게 하여

16 그들의 땅으로 두려움과 영원한 웃음 거리가 되게 하리니 그리로 지나는 자
    마다 놀라서 그의 머리를 흔들리라

17 내가 그들을 그들의 원수 앞에서 흩어 버리기를 동풍으로 함 같이 할 것이
    며 그들의 재난의 날에는 내가 그들에게 등을 보이고 얼굴을 보이지 아니하
    리라

예레미야를 죽이려 하다

18 그들이 말하기를 오라 우리가 꾀를 내어 예레미야를 치자 제사장에게서 율법이, 지혜로운 자에게서 책략이, 선지자에게서 말씀이 끊어지지 아니할 것이니 오라 우리가 혀로 그를 치고 그의 어떤 말에도 주의하지 말자 하나이다

19 여호와여 나를 돌아보사 나와 더불어 다투는 그들의 목소리를 들어 보옵소서

20 어찌 악으로 선을 갚으리이까마는 그들이 나의 생명을 해하려고 구덩이를 팠나이다 내가 주의 분노를 그들에게서 돌이키려 하고 주의 앞에 서서 그들을 위하여 유익한 말을 한 것을 기억하옵소서

21 그러하온즉 그들의 자녀를 기근에 내어 주시며 그들을 칼의 세력에 넘기시며 그들의 아내들은 자녀를 잃고 과부가 되며 그 장정은 죽음을 당하며 그 청년은 전장에서 칼을 맞게 하시며

22 주께서 군대로 갑자기 그들에게 이르게 하사 그들의 집에서 부르짖음이 들리게 하옵소서 이는 그들이 나를 잡으려고 구덩이를 팠고 내 발을 빠뜨리려고 올무를 놓았음이니이다

23 여호와여 그들이 나를 죽이려 하는 계략을 주께서 다 아시오니 그 악을 사하지 마옵시며 그들의 죄를 주의 목전에서 지우지 마시고 그들을 주 앞에 넘어지게 하시되 주께서 노하시는 때에 이같이 그들에게 행하옵소서 하니라

19장

깨진 옹기

1 여호와께서 이와 같이 말씀하시되 가서 토기장이의 옹기를 사고 백성의 어른들과 제사장의 어른 몇 사람과

2 하시드 문 어귀 곁에 있는 힌놈의 아들의 골짜기로 가서 거기에서 내가 네게 이른 말을 선포하여

3 말하기를 너희 유다 왕들과 예루살렘 주민아 여호와의 말씀을 들으라 만군의 여호와 이스라엘의 하나님이 이같이 말씀하시되 보라 내가 이 곳에 재앙을 내릴 것이라 그것을 듣는 모든 자의 귀가 떨리니

4 이는 그들이 나를 버리고 이 곳을 불결하게 하며 이 곳에서 자기와 자기 조상들과 유다 왕들이 알지 못하던 다른 신들에게 분향하며 무죄한 자의 피로 이 곳에 채웠음이며

5 또 그들이 바알을 위하여 산당을 건축하고 자기 아들들을 바알에게 번제로 불살라 드렸나니 이는 내가 명령하거나 말하거나 뜻한 바가 아니니라

6 그러므로 보라 다시는 이 곳을 도벳이나 힌놈의 아들의 골짜기라 부르지 아니하고 오직 죽임의 골짜기라 부르는 날이 이를 것이라 여호와의 말이니라

7 내가 이 곳에서 유다와 예루살렘의 계획을 무너뜨려 그들로 그 대적 앞과 생명을 찾는 자의 손의 칼에 엎드러지게 하고 그 시체를 공중의 새와 땅의 짐승의 밥이 되게 하며

8 이 성읍으로 놀람과 조롱 거리가 되게 하리니 그 모든 재앙으로 말미암아 지나는 자마다 놀라며 조롱할 것이며

9 그들이 그들의 원수와 그들의 생명을 찾는 자에게 둘러싸여 곤경에 빠질 때에 내가 그들이 그들의 아들의 살, 딸의 살을 먹게 하고 또 각기 친구의 살을 먹게 하리라 하셨다 하고

10 너는 함께 가는 자의 목전에서 그 옹기를 깨뜨리고

11 그들에게 이르기를 만군의 여호와께서 이와 같이 말씀하시되 사람이 토기
장이의 그릇을 한 번 깨뜨리면 다시 완전하게 할 수 없나니 이와 같이 내가
이 백성과 이 성읍을 무너뜨리리니 도벳에 매장할 자리가 없을 만큼 매장하
리라

12 여호와의 말씀이니라 내가 이 곳과 그 가운데 주민에게 이같이 행하여 이
성읍으로 도벳 같게 할 것이라

13 예루살렘 집들과 유다 왕들의 집들이 그 집 위에서 하늘의 만상에 분향하고
다른 신들에게 전제를 부음으로 더러워졌은즉 도벳 땅처럼 되리라 하셨다
하라 하시니

14 예레미야가 여호와께서 자기를 보내사 예언하게 하신 도벳에서 돌아와 여
호와의 집 뜰에 서서 모든 백성에게 말하되

15 만군의 여호와 이스라엘의 하나님께서 이와 같이 말씀하시되 보라 내가 이
성읍에 대하여 선언한 모든 재앙을 이 성읍과 그 모든 촌락에 내리리니 이
는 그들의 목을 곧게 하여 내 말을 듣지 아니함이라 하시니라

예레미야와 바스훌

1 임멜의 아들 제사장 바스훌은 여호와의 성전의 총감독이라 그가 예레미야 의 이 일 예언함을 들은지라

2 이에 바스훌이 선지자 예레미야를 때리고 여호와의 성전에 있는 베냐민 문 위층에 목에 씌우는 나무 고랑으로 채워 두었더니

3 다음날 바스훌이 예레미야를 목에 씌우는 나무 고랑에서 풀어 주매 예레미 야가 그에게 이르되 여호와께서 네 이름을 바스훌이라 아니하시고 마골밋 사빕이라 하시느니라

4 여호와께서 이와 같이 말씀하시되 보라 내가 너로 너와 네 모든 친구에게 두려움이 되게 하리니 그들이 그들의 원수들의 칼에 엎드러질 것이요 네 눈 은 그것을 볼 것이며 내가 온 유다를 바벨론 왕의 손에 넘기리니 그가 그들 을 사로잡아 바벨론으로 옮겨 칼로 죽이리라

5 내가 또 이 성읍의 모든 부와 그 모든 소득과 그 모든 귀중품과 유다 왕들의 모든 보물을 그 원수의 손에 넘기리니 그들이 그것을 탈취하여 바벨론으로 가져가리라

6 바스훌아 너와 네 집에 사는 모든 사람이 포로 되어 옮겨지리니 네가 바벨 론에 이르러 거기서 죽어 거기 묻힐 것이라 너와 너의 거짓 예언을 들은 네 모든 친구도 그와 같으리라 하셨느니라

예레미야가 여호와께 사정을 아뢰다

7 여호와여 주께서 나를 권유하시므로 내가 그 권유를 받았사오며 주께서 나 보다 강하사 이기셨으므로 내가 조롱 거리가 되니 사람마다 종일토록 나를 조롱하나이다

8 내가 말할 때마다 외치며 파멸과 멸망을 선포하므로 여호와의 말씀으로 말 미암아 내가 종일토록 치욕과 모욕 거리가 됨이니이다

9 내가 다시는 여호와를 선포하지 아니하며 그의 이름으로 말하지 아니하리 라 하면 나의 마음이 불붙는 것 같아서 골수에 사무치니 답답하여 견딜 수 없나이다

10 나는 무리의 비방과 사방이 두려워함을 들었나이다 그들이 이르기를 고소하라 우리도 고소하리라 하오며 내 친한 벗도 다 내가 실족하기를 기다리며 그가 혹시 유혹을 받게 되면 우리가 그를 이기어 우리 원수를 갚자 하나이다

11 그러하오나 여호와는 두려운 용사 같으시며 나와 함께 하시므로 나를 박해하는 자들이 넘어지고 이기지 못할 것이오며 그들은 지혜롭게 행하지 못하므로 큰 치욕을 당하오리니 그 치욕은 길이 잊지 못할 것이니이다

12 의인을 시험하사 그 폐부와 심장을 보시는 만군의 여호와여 나의 사정을 주께 아뢰었사온즉 주께서 그들에게 보복하심을 나에게 보게 하옵소서

13 여호와께 노래하라 너희는 여호와를 찬양하라 가난한 자의 생명을 행악자의 손에서 구원하셨음이니라

14 내 생일이 저주를 받았더면, 나의 어머니가 나를 낳던 날이 복이 없었더면,

15 나의 아버지에게 소식을 전하여 이르기를 당신이 득남하였다 하여 아버지를 즐겁게 하던 자가 저주를 받았더면,

16 그 사람은 여호와께서 무너뜨리시고 후회하지 아니하신 성읍 같이 되었더면, 그가 아침에는 부르짖는 소리, 낮에는 떠드는 소리를 듣게 하였더면, 좋을 뻔하였나니

17 이는 그가 나를 태에서 죽이지 아니하셨으며 나의 어머니를 내 무덤이 되지 않게 하셨으며 그의 배가 부른 채로 항상 있지 않게 하신 까닭이로다

18 어찌하여 내가 태에서 나와서 고생과 슬픔을 보며 나의 날을 부끄러움으로 보내는고 하니라

년   월   일

21장 여호와께서 두신 생명의 길과 사망의 길

1 여호와께로부터 예레미야에게 말씀이 임하니라 시드기야 왕이 말기야의 아들 바스훌과 제사장 마아세야의 아들 스바냐를 예레미야에게 보내니라

2 바벨론의 느부갓네살 왕이 우리를 치니 청컨대 너는 우리를 위하여 여호와께 간구하라 여호와께서 혹시 그의 모든 기적으로 우리를 도와 행하시면 그가 우리를 떠나리라 하니

3 예레미야가 그들에게 대답하되 너희는 시드기야에게 이같이 말하라

4 이스라엘의 하나님 여호와께서 이와 같이 말씀하시되 보라 너희가 성 밖에서 바벨론의 왕과 또 너희를 에워싼 갈대아인과 싸우는 데 쓰는 너희 손의 무기를 내가 뒤로 돌릴 것이요 그것들을 이 성 가운데 모아들이리라

5 내가 든 손과 강한 팔 곧 진노와 분노와 대노로 친히 너희를 칠 것이며

6 내가 또 사람이나 짐승이나 이 성에 있는 것을 다 치리니 그들이 큰 전염병에 죽으리라 하셨다 하라

7 여호와의 말씀이니라 그 후에 내가 유다의 왕 시드기야와 그의 신하들과 백성과 및 이 성읍에서 전염병과 칼과 기근에서 남은 자를 바벨론의 느부갓네살 왕의 손과 그들의 원수의 손과 그들의 생명을 찾는 자들의 손에 넘기리니 그가 칼날로 그들을 치되 측은히 여기지 아니하며 긍휼히 여기지 아니하며 불쌍히 여기지 아니하리라 하셨느니라

8 여호와께서 말씀하시기를 보라 내가 너희 앞에 생명의 길과 사망의 길을 두었노라 너는 이 백성에게 전하라 하셨느니라

9 이 성읍에 사는 자는 칼과 기근과 전염병에 죽으려니와 너희를 에워싼 갈대아인에게 나가서 항복하는 자는 살 것이나 그의 목숨은 전리품 같이 되리라

10 여호와의 말씀이니라 내가 나의 얼굴을 이 성읍으로 향함은 복을 내리기 위함이 아니요 화를 내리기 위함이라 이 성읍이 바벨론 왕의 손에 넘김이 될 것이요 그는 그것을 불사르리라

유다 왕의 집에 내린 벌

11 유다 왕의 집에 대한 여호와의 말을 들으라

12 여호와께서 이와 같이 말씀하시니라 다윗의 집이여 너는 아침마다 정의롭게 판결하여 탈취 당한 자를 압박자의 손에서 건지라 그리하지 아니하면 너희의 악행 때문에 내 분노가 불 같이 일어나서 사르리니 능히 끌 자가 없으리라

13 여호와의 말씀이니라 골짜기와 평원 바위의 주민아 보라 너희가 말하기를 누가 내려와서 우리를 치리요 누가 우리의 거처에 들어오리요 하거니와 나는 네 대적이라

14 내가 너희 행위대로 너희를 벌할 것이요 내가 또 수풀에 불을 놓아 그 모든 주위를 사르리라 여호와의 말씀이니라

22장

유다 왕의 집에 선언하다

1 여호와께서 이와 같이 말씀하시되 너는 유다 왕의 집에 내려가서 거기에서 이 말을 선언하여

2 이르기를 다윗의 왕위에 앉은 유다 왕이여 너와 네 신하와 이 문들로 들어오는 네 백성은 여호와의 말씀을 들을지니라

3 여호와께서 이와 같이 말씀하시되 너희가 정의와 공의를 행하여 탈취 당한 자를 압박하는 자의 손에서 건지고 이방인과 고아와 과부를 압제하거나 학대하지 말며 이 곳에서 무죄한 피를 흘리지 말라

4 너희가 참으로 이 말을 준행하면 다윗의 왕위에 앉을 왕들과 신하들과 백성이 병거와 말을 타고 이 집 문으로 들어오게 되리라

5 그러나 너희가 이 말을 듣지 아니하면 내가 나를 두고 맹세하노니 이 집이 황폐하리라 여호와의 말씀이니라

6 여호와께서 유다 왕의 집에 대하여 이와 같이 말씀하시니라 네가 내게 길르앗 같고 레바논의 머리이나 내가 반드시 너로 광야와 주민이 없는 성읍을 만들 것이라

7 내가 너를 파멸할 자를 준비하리니 그들이 각기 손에 무기를 가지고 네 아름다운 백향목을 찍어 불에 던지리라

8 여러 민족들이 이 성읍으로 지나가며 서로 말하기를 여호와가 이 큰 성읍에 이같이 행함은 어찌 됨인고 하겠고

9 그들이 대답하기는 이는 그들이 자기 하나님 여호와의 언약을 버리고 다른 신들에게 절하고 그를 섬긴 까닭이라 하셨다 할지니라

살룸 왕에 대하여 말하다

10 너희는 죽은 자를 위하여 울지 말며 그를 위하여 애통하지 말고 잡혀 간 자를 위하여 슬피 울라 그는 다시 돌아와 그 고국을 보지 못할 것임이라

114

11 여호와께서 유다 왕 요시야의 아들 곧 그의 아버지 요시야를 이어 왕이 되었다가 이 곳에서 나간 살룸에 대하여 이와 같이 말씀하시니라 그가 이 곳으로 다시 돌아오지 못하고

12 잡혀 간 곳에서 그가 거기서 죽으리니 이 땅을 다시 보지 못하리라

여호야김 왕에 대하여 말하다

13 불의로 그 집을 세우며 부정하게 그 다락방을 지으며 자기의 이웃을 고용하고 그의 품삯을 주지 아니하는 자에게 화 있을진저

14 그가 이르기를 내가 나를 위하여 큰 집과 넓은 다락방을 지으리라 하고 자기를 위하여 창문을 만들고 그것에 백향목으로 입히고 붉은 빛으로 칠하도다

15 네가 백향목을 많이 사용하여 왕이 될 수 있겠느냐 네 아버지가 먹거나 마시지 아니하였으며 정의와 공의를 행하지 아니하였느냐 그 때에 그가 형통하였었느니라

16 그는 가난한 자와 궁핍한 자를 변호하고 형통하였나니 이것이 나를 앎이 아니냐 여호와의 말씀이니라

17 그러나 네 두 눈과 마음은 탐욕과 무죄한 피를 흘림과 압박과 포악을 행하려 할 뿐이니라

18 그러므로 여호와께서 유다의 왕 요시야의 아들 여호야김에게 대하여 이와 같이 말씀하시니라 무리가 그를 위하여 슬프다 내 형제여, 슬프다 내 자매여 하며 통곡하지 아니할 것이며 그를 위하여 슬프다 주여 슬프다 그 영광이여 하며 통곡하지도 아니할 것이라

19 그가 끌려 예루살렘 문 밖에 던져지고 나귀 같이 매장함을 당하리라

예루살렘에 대한 탄식

20 너는 레바논에 올라 외치며 바산에서 네 소리를 높이며 아바림에서 외치라 이는 너를 사랑하는 자가 다 멸망하였음이라

21 네가 평안할 때에 내가 네게 말하였으나 네 말이 나는 듣지 아니하리라 하였나니 네가 어려서부터 내 목소리를 청종하지 아니함이 네 습관이라

22 네 목자들은 다 바람에 삼켜질 것이요 너를 사랑하는 자들은 사로잡혀 가리니 그 때에 네가 반드시 네 모든 악 때문에 수치와 욕을 당하리라

23 레바논에 살면서 백향목에 깃들이는 자여 여인이 해산하는 고통 같은 고통이 네게 임할 때에 너의 가련함이 얼마나 심하랴

여호와께서 고니야 왕을 심판하시다

24 여호와의 말씀이니라 나의 삶으로 맹세하노니 유다 왕 여호야김의 아들 고니야가 나의 오른손의 인장반지라 할지라도 내가 빼어

25 네 생명을 찾는 자의 손과 네가 두려워하는 자의 손 곧 바벨론의 왕 느부갓네살의 손과 갈대아인의 손에 줄 것이라

26 내가 너와 너를 낳은 어머니를 너희가 나지 아니한 다른 지방으로 쫓아내리니 너희가 거기에서 죽으리라

27 그들이 그들의 마음에 돌아오기를 사모하는 땅에 돌아오지 못하리라

28 이 사람 고니야는 천하고 깨진 그릇이냐 좋아하지 아니하는 그릇이냐 어찌하여 그와 그의 자손이 쫓겨나서 알지 못하는 땅에 들어갔는고

29 땅이여, 땅이여, 땅이여, 여호와의 말을 들을지니라

30 여호와께서 이와 같이 말씀하시니라 너희는 이 사람이 자식이 없겠고 그의 평생 동안 형통하지 못할 자라 기록하라 이는 그의 자손 중 형통하여 다윗의 왕위에 앉아 유다를 다스릴 사람이 다시는 없을 것임이라 하시니라

23장

미래의 왕 메시아

1 여호와의 말씀이니라 내 목장의 양 떼를 멸하며 흩어지게 하는 목자에게 화 있으리라

2 그러므로 이스라엘의 하나님 여호와께서 내 백성을 기르는 목자에게 이와 같이 말씀하시니라 너희가 내 양 떼를 흩으며 그것을 몰아내고 돌보지 아니하였도다 보라 내가 너희의 악행 때문에 너희에게 보응하리라 여호와의 말씀이니라

3 내가 내 양 떼의 남은 것을 그 몰려 갔던 모든 지방에서 모아 다시 그 우리로 돌아오게 하리니 그들의 생육이 번성할 것이며

4 내가 그들을 기르는 목자들을 그들 위에 세우리니 그들이 다시는 두려워하거나 놀라거나 잃어 버리지 아니하리라 여호와의 말씀이니라

5 여호와의 말씀이니라 보라 때가 이르리니 내가 다윗에게 한 의로운 가지를 일으킬 것이라 그가 왕이 되어 지혜롭게 다스리며 세상에서 정의와 공의를 행할 것이며

6 그의 날에 유다는 구원을 받겠고 이스라엘은 평안히 살 것이며 그의 이름은 여호와 우리의 공의라 일컬음을 받으리라

7 그러므로 여호와의 말씀이니라 보라 날이 이르리니 그들이 다시는 이스라엘 자손을 애굽 땅에서 인도하여 내신 여호와의 사심으로 맹세하지 아니하고

8 이스라엘 집 자손을 북쪽 땅, 그 모든 쫓겨났던 나라에서 인도하여 내신 여호와의 사심으로 맹세할 것이며 그들이 자기 땅에 살리라 하시니라

선지자들에 대한 말씀

9 선지자들에 대한 말씀이라 내 마음이 상하며 내 모든 뼈가 떨리며 내가 취한 사람 같으며 포도주에 잡힌 사람 같으니 이는 여호와와 그 거룩한 말씀 때문이라

10 이 땅에 간음하는 자가 가득하도다 저주로 말미암아 땅이 슬퍼하며 광야의 초장들이 마르나니 그들의 행위가 악하고 힘쓰는 것이 정직하지 못함이로다

11 여호와의 말씀이니라 선지자와 제사장이 다 사악한지라 내가 내 집에서도 그들의 악을 발견하였노라

12 그러므로 그들의 길이 그들에게 어두운 가운데 미끄러운 곳과 같이 되고 그들이 밀어냄을 당하여 그 길에 엎드러질 것이라 그들을 벌하는 해에 내가 그들에게 재앙을 내리리라 여호와의 말씀이니라

13 내가 사마리아 선지자들 가운데 우매함을 보았나니 그들은 바알을 의지하고 예언하여 내 백성 이스라엘을 그릇되게 하였고

14 내가 예루살렘 선지자들 가운데도 가증한 일을 보았나니 그들은 간음을 행하며 거짓을 말하며 악을 행하는 자의 손을 강하게 하여 사람으로 그 악에서 돌이킴이 없게 하였은즉 그들은 다 내 앞에서 소돔과 다름이 없고 그 주민은 고모라와 다름이 없느니라

15 그러므로 만군의 여호와께서 선지자에 대하여 이와 같이 말씀하시니라 보라 내가 그들에게 쑥을 먹이며 독한 물을 마시게 하리니 이는 사악이 예루살렘 선지자들로부터 나와서 온 땅에 퍼짐이라 하시니라

16 만군의 여호와께서 이와 같이 말씀하시되 너희에게 예언하는 선지자들의 말을 듣지 말라 그들은 너희에게 헛된 것을 가르치나니 그들이 말한 묵시는 자기 마음으로 말미암은 것이요 여호와의 입에서 나온 것이 아니니라

17 항상 그들이 나를 멸시하는 자에게 이르기를 너희가 평안하리라 여호와의 말씀이니라 하며 또 자기 마음이 완악한 대로 행하는 모든 사람에게 이르기를 재앙이 너희에게 임하지 아니하리라 하였느니라

18 누가 여호와의 회의에 참여하여 그 말을 알아들었으며 누가 귀를 기울여 그 말을 들었느냐

19 보라 여호와의 노여움이 일어나 폭풍과 회오리바람처럼 악인의 머리를 칠 것이라

20 여호와의 진노가 내 마음의 뜻하는 바를 행하여 이루기까지는 그치지 아니하나니 너희가 끝날에 그것을 완전히 깨달으리라

21 이 선지자들은 내가 보내지 아니하였어도 달음질하며 내가 그들에게 이르지 아니하였어도 예언하였은즉

22 그들이 만일 나의 회의에 참여하였더라면 내 백성에게 내 말을 들려서 그들을 악한 길과 악한 행위에서 돌이키게 하였으리라

23 여호와의 말씀이니라 나는 가까운 데에 있는 하나님이요 먼 데에 있는 하나님은 아니냐

24 여호와의 말씀이니라 사람이 내게 보이지 아니하려고 누가 자신을 은밀한 곳에 숨길 수 있겠느냐 여호와가 말하노라 나는 천지에 충만하지 아니하냐

25 내 이름으로 거짓을 예언하는 선지자들의 말에 내가 꿈을 꾸었다 꿈을 꾸었다고 말하는 것을 내가 들었노라

26 거짓을 예언하는 선지자들이 언제까지 이 마음을 품겠느냐 그들은 그 마음의 간교한 것을 예언하느니라

27 그들이 서로 꿈 꾼 것을 말하니 그 생각인즉 그들의 조상들이 바알로 말미암아 내 이름을 잊어버린 것 같이 내 백성으로 내 이름을 잊게 하려 함이로다

28 여호와의 말씀이니라 꿈을 꾼 선지자는 꿈을 말할 것이요 내 말을 받은 자는 성실함으로 내 말을 말할 것이라 겨가 어찌 알곡과 같겠느냐

29 여호와의 말씀이니라 내 말이 불 같지 아니하냐 바위를 쳐서 부스러뜨리는 방망이 같지 아니하냐

30 여호와의 말씀이라 그러므로 보라 서로 내 말을 도둑질하는 선지자들을 내가 치리라

31 여호와의 말씀이니라 보라 그들이 혀를 놀려 여호와가 말씀하셨다 하는 선지자들을 내가 치리라

32 여호와의 말씀이니라 보라 거짓 꿈을 예언하여 이르며 거짓과 헛된 자만으로 내 백성을 미혹하게 하는 자를 내가 치리라 내가 그들을 보내지 아니하였으며 명령하지 아니하였나니 그들은 이 백성에게 아무 유익이 없느니라 여호와의 말씀이니라

여호와의 엄중한 말씀

33 이 백성이나 선지자나 제사장이 네게 물어 이르기를 여호와의 엄중한 말씀이 무엇인가 묻거든 너는 그들에게 대답하기를 엄중한 말씀이 무엇이냐 묻느냐 여호와의 말씀에 내가 너희를 버리리라 하셨고

34 또 여호와의 엄중한 말씀이라 하는 선지자에게나 제사장에게나 백성에게는 내가 그 사람과 그 집안을 벌하리라 하셨다 하고

35 너희는 서로 이웃과 형제에게 묻기를 여호와께서 무엇이라 응답하셨으며 여호와께서 무엇이라 말씀하셨느냐 하고

36 다시는 여호와의 엄중한 말씀이라 말하지 말라 각 사람의 말이 자기에게 중벌이 되리니 이는 너희가 살아 계신 하나님, 만군의 여호와 우리 하나님의 말씀을 망령되이 사용함이니라 하고

37 너는 또 선지자에게 말하기를 여호와께서 네게 무엇이라 대답하셨으며 여호와께서 무엇이라 말씀하셨느냐

38 너희는 여호와의 엄중한 말씀이라 말하도다 그러므로 여호와께서 이와 같이 말씀하시되 내가 너희에게 사람을 보내어 이 말씀은 여호와의 엄중한 말씀이니 너희는 말하지 말라 하였으나 너희가 여호와의 엄중한 말씀이라 하였은즉

39 내가 너희를 온전히 잊어버리며 내가 너희와 너희 조상들에게 준 이 성읍을 내 앞에서 내버려

40 너희는 영원한 치욕과 잊지 못할 영구한 수치를 당하게 하리라 하셨느니라

24장

좋은 무화과 나쁜 무화과

1 바벨론의 느부갓네살 왕이 유다 왕 여호야김의 아들 여고냐와 유다 고관들과 목공들과 철공들을 예루살렘에서 바벨론으로 옮긴 후에 여호와께서 여호와의 성전 앞에 놓인 무화과 두 광주리를 내게 보이셨는데

2 한 광주리에는 처음 익은 듯한 극히 좋은 무화과가 있고 한 광주리에는 나빠서 먹을 수 없는 극히 나쁜 무화과가 있더라

3 여호와께서 내게 이르시되 예레미야야 네가 무엇을 보느냐 하시매 내가 대답하되 무화과이온데 그 좋은 무화과는 극히 좋고 그 나쁜 것은 아주 나빠서 먹을 수 없게 나쁘니이다 하니

4 여호와의 말씀이 또 내게 임하니라 이르시되

5 이스라엘의 하나님 여호와께서 이와 같이 말씀하시니라 내가 이 곳에서 옮겨 갈대아인의 땅에 이르게 한 유다 포로를 이 좋은 무화과 같이 잘 돌볼 것이라

6 내가 그들을 돌아보아 좋게 하여 다시 이 땅으로 인도하여 세우고 헐지 아니하며 심고 뽑지 아니하겠고

7 내가 여호와인 줄 아는 마음을 그들에게 주어서 그들이 전심으로 내게 돌아오게 하리니 그들은 내 백성이 되겠고 나는 그들의 하나님이 되리라

8 여호와께서 이와 같이 말씀하시니라 내가 유다의 왕 시드기야와 그 고관들과 예루살렘의 남은 자로서 이 땅에 남아 있는 자와 애굽 땅에 사는 자들을 나빠서 먹을 수 없는 이 나쁜 무화과 같이 버리되

9 세상 모든 나라 가운데 흩어서 그들에게 환난을 당하게 할 것이며 또 그들에게 내가 쫓아 보낼 모든 곳에서 부끄러움을 당하게 하며 말 거리가 되게 하며 조롱과 저주를 받게 할 것이며

10 내가 칼과 기근과 전염병을 그들 가운데 보내 그들이 내가 그들과 그들의 조상들에게 준 땅에서 멸절하기까지 이르게 하리라 하시니라

칠십 년 동안 바벨론 왕을 섬기리라

1 유다의 왕 요시야의 아들 여호야김 넷째 해 곧 바벨론의 왕 느부갓네살 원
   년에 유다의 모든 백성에 관한 말씀이 예레미야에게 임하니라

2 선지자 예레미야가 유다의 모든 백성과 예루살렘의 모든 주민에게 말하여
   이르되

3 유다의 왕 아몬의 아들 요시야 왕 열셋째 해부터 오늘까지 이십삼 년 동안
   여호와의 말씀이 내게 임하기로 내가 너희에게 꾸준히 일렀으나 너희가 순
   종하지 아니하였느니라

4 그러므로 여호와께서 그의 모든 종 선지자를 너희에게 끊임없이 보내셨으
   나 너희가 순종하지 아니하였으며 귀를 기울여 듣지도 아니하였도다

5 그가 이르시기를 너희는 각자의 악한 길과 악행을 버리고 돌아오라 그리하
   면 나 여호와가 너희와 너희 조상들에게 영원부터 영원까지 준 그 땅에 살
   리라

6 너희는 다른 신을 따라다니며 섬기거나 경배하지 말며 너희 손으로 만든 것
   으로써 나의 노여움을 일으키지 말라 그리하면 내가 너희를 해하지 아니하
   리라 하였으나

7 너희가 내 말을 순종하지 아니하고 너희 손으로 만든 것으로써 나의 노여움
   을 일으켜 스스로 해하였느니라 여호와의 말씀이니라

8 그러므로 만군의 여호와께서 이와 같이 말씀하시니라 너희가 내 말을 듣지
   아니하였느니라

9 보라 내가 북쪽 모든 종족과 내 종 바벨론의 왕 느부갓네살을 불러다가 이
   땅과 그 주민과 사방 모든 나라를 쳐서 진멸하여 그들을 놀램과 비웃음 거
   리가 되게 하며 땅으로 영원한 폐허가 되게 할 것이라 여호와의 말씀이니라

10 내가 그들 중에서 기뻐하는 소리와 즐거워하는 소리와 신랑의 소리와 신부
   의 소리와 맷돌 소리와 등불 빛이 끊어지게 하리니

11 이 모든 땅이 폐허가 되어 놀랄 일이 될 것이며 이 민족들은 칠십 년 동안 바벨론의 왕을 섬기리라

12 여호와의 말씀이니라 칠십 년이 끝나면 내가 바벨론의 왕과 그의 나라와 갈대아인의 땅을 그 죄악으로 말미암아 벌하여 영원히 폐허가 되게 하되

13 내가 그 땅을 향하여 선언한 바 곧 예레미야가 모든 민족을 향하여 예언하고 이 책에 기록한 나의 모든 말을 그 땅에 임하게 하리라

14 그리하여 여러 민족과 큰 왕들이 그들로 자기들을 섬기게 할 것이나 나는 그들의 행위와 그들의 손이 행한 대로 갚으리라

모든 나라에 내리는 진노의 술잔

15 이스라엘의 하나님 여호와께서 이같이 내게 이르시되 너는 내 손에서 이 진노의 술잔을 받아가지고 내가 너를 보내는 바 그 모든 나라로 하여금 마시게 하라

16 그들이 마시고 비틀거리며 미친 듯이 행동하리니 이는 내가 그들 중에 칼을 보냈기 때문이니라 하시기로

17 내가 여호와의 손에서 그 잔을 받아서 여호와께서 나를 보내신 바 그 모든 나라로 마시게 하되

18 예루살렘과 유다 성읍들과 그 왕들과 그 고관들로 마시게 하였더니 그들이 멸망과 놀램과 비웃음과 저주를 당함이 오늘과 같으니라

19 또 애굽의 왕 바로와 그의 신하들과 그의 고관들과 그의 모든 백성과

20 모든 섞여 사는 민족들과 우스 땅의 모든 왕과 블레셋 사람의 땅 모든 왕과 아스글론과 가사와 에그론과 아스돗의 나머지 사람들과

21 에돔과 모압과 암몬 자손과

22 두로의 모든 왕과 시돈의 모든 왕과 바다 건너쪽 섬의 왕들과

23 드단과 데마와 부스와 살쩍을 깎은 모든 자와

24 아라비아의 모든 왕과 광야에서 섞여 사는 민족들의 모든 왕과

25 시므리의 모든 왕과 엘람의 모든 왕과 메대의 모든 왕과

26 북쪽 원근의 모든 왕과 지면에 있는 세상의 모든 나라로 마시게 하니라 세삭 왕은 그 후에 마시리라

27 너는 그들에게 이르기를 만군의 여호와 이스라엘의 하나님의 말씀에 너희는 내가 너희 가운데 보내는 칼 앞에서 마시며 취하여 토하고 엎드러져 다시는 일어나지 말아라 하셨느니라

28 그들이 만일 네 손에서 잔을 받아 마시기를 거절하거든 너는 그들에게 이르기를 만군의 여호와께서 말씀하시기를 너희가 반드시 마셔야 하리라

29 보라 내가 내 이름으로 일컬음을 받는 성에서부터 재앙 내리기를 시작하였은즉 너희가 어찌 능히 형벌을 면할 수 있느냐 면하지 못하리니 이는 내가 칼을 불러 세상의 모든 주민을 칠 것임이라 하셨다 하라 만군의 여호와의 말씀이니라

30 그러므로 너는 그들에게 이 모든 말로 예언하여 이르기를 여호와께서 높은 데서 포효하시고 그의 거룩한 처소에서 소리를 내시며 그의 초장을 향하여 크게 부르시고 세상 모든 주민에 대하여 포도 밟는 자 같이 흥겹게 노래하시리라

31 요란한 소리가 땅 끝까지 이름은 여호와께서 뭇 민족과 다투시며 모든 육체를 심판하시며 악인을 칼에 내어 주셨음이라 여호와의 말씀이니라

32 만군의 여호와께서 이와 같이 말씀하시니라 보라 재앙이 나서 나라에서 나라에 미칠 것이며 큰 바람이 땅 끝에서 일어날 것이라

33 그 날에 여호와에게 죽임을 당한 자가 땅 이 끝에서 땅 저 끝에 미칠 것이나 그들을 위하여 애곡하는 자도 없고 시신을 거두어 주는 자도 없고 매장하여 주는 자도 없으리니 그들은 지면에서 분토가 되리로다

34 너희 목자들아 외쳐 애곡하라 너희 양 떼의 인도자들아 잿더미에서 뒹굴라 이는 너희가 도살 당할 날과 흩음을 당할 기한이 찼음인즉 너희가 귀한 그릇이 떨어짐 같이 될 것이라

35 목자들은 도망할 수 없겠고 양 떼의 인도자들은 도주할 수 없으리로다

36 목자들이 부르짖는 소리와 양 떼의 인도자들이 애곡하는 소리여 여호와가 그들의 초장을 황폐하게 함이로다

37 평화로운 목장들이 여호와의 진노하시는 열기 앞에서 적막하게 되리라

38 그가 젊은 사자 같이 그 굴에서 나오셨으니 그 호통치시는 분의 분노와 그의 극렬한 진노로 말미암아 그들의 땅이 폐허가 되리로다 하시니라

26장

여호와의 성전 뜰에서 말씀을 전하다

1 유다의 왕 요시야의 아들 여호야김이 다스리기 시작한 때에 여호와께로부터 이 말씀이 임하여 이르시되

2 여호와께서 이와 같이 말씀하시니라 너는 여호와의 성전 뜰에 서서 유다 모든 성읍에서 여호와의 성전에 와서 예배하는 자에게 내가 네게 명령하여 이르게 한 모든 말을 전하되 한 마디도 감하지 말라

3 그들이 듣고 혹시 각각 그 악한 길에서 돌아오리라 그리하면 내가 그들의 악행으로 말미암아 그들에게 재앙을 내리려 하던 뜻을 돌이키리라

4 너는 그들에게 이와 같이 이르라 여호와의 말씀에 너희가 나를 순종하지 아니하며 내가 너희 앞에 둔 내 율법을 행하지 아니하며

5 내가 너희에게 나의 종 선지자들을 꾸준히 보내 그들의 말을 순종하라고 하였으나 너희는 순종하지 아니하였느니라

6 내가 이 성전을 실로 같이 되게 하고 이 성을 세계 모든 민족의 저줏거리가 되게 하리라 하셨느니라

7 예레미야가 여호와의 성전에서 이 말을 하매 제사장들과 선지자들과 모든 백성이 듣더라

8 예레미야가 여호와께서 명령하신 말씀을 모든 백성에게 전하기를 마치매 제사장들과 선지자들과 모든 백성이 그를 붙잡고 이르되 네가 반드시 죽어야 하리라

9 어찌하여 네가 여호와의 이름을 의지하고 예언하여 이르기를 이 성전이 실로 같이 되겠고 이 성이 황폐하여 주민이 없으리라 하느냐 하며 그 모든 백성이 여호와의 성전에서 예레미야를 향하여 모여드니라

10 유다의 고관들이 이 말을 듣고 왕궁에서 여호와의 성전으로 올라가 여호와의 성전 새 대문의 입구에 앉으매

11 제사장들과 선지자들이 고관들과 모든 백성에게 말하여 이르되 이 사람은 죽는 것이 합당하니 너희 귀로 들음 같이 이 성에 관하여 예언하였음이라

12 예레미야가 모든 고관과 백성에게 말하여 이르되 여호와께서 나를 보내사 너희가 들은 바 모든 말로 이 성전과 이 성을 향하여 예언하게 하셨느니라

13 그런즉 너희는 너희 길과 행위를 고치고 너희 하나님 여호와의 목소리를 청종하라 그리하면 여호와께서 너희에게 선언하신 재앙에 대하여 뜻을 돌이키시리라

14 보라 나는 너희 손에 있으니 너희 의견에 좋은 대로, 옳은 대로 하려니와

15 너희는 분명히 알아라 너희가 나를 죽이면 반드시 무죄한 피를 너희 몸과 이 성과 이 성 주민에게 돌리는 것이니라 이는 여호와께서 진실로 나를 보내사 이 모든 말을 너희 귀에 말하게 하셨음이라

16 고관들과 모든 백성이 제사장들과 선지자들에게 이르되 이 사람이 우리 하나님 여호와의 이름으로 우리에게 말하였으니 죽일 만한 이유가 없느니라

17 그러자 그 지방의 장로 중 몇 사람이 일어나 백성의 온 회중에게 말하여 이르기를

18 유다의 왕 히스기야 시대에 모레셋 사람 미가가 유다의 모든 백성에게 예언하여 이르되 만군의 여호와께서 이와 같이 말씀하셨느니라 시온은 밭 같이 경작지가 될 것이며 예루살렘은 돌 무더기가 되며 이 성전의 산은 산당의 숲과 같이 되리라 하였으나

19 유다의 왕 히스기야와 모든 유다가 그를 죽였느냐 히스기야가 여호와를 두려워하여 여호와께 간구하매 여호와께서 그들에게 선언한 재앙에 대하여 뜻을 돌이키지 아니하셨느냐 우리가 이같이 하면 우리의 생명을 스스로 심히 해롭게 하는 것이니라

20 또 여호와의 이름으로 예언한 사람이 있었는데 곧 기럇여아림 스마야의 아들 우리야라 그가 예레미야의 모든 말과 같이 이 성과 이 땅에 경고하여 예언하매

21 여호야김 왕과 그의 모든 용사와 모든 고관이 그의 말을 듣고서 왕이 그를 죽이려 하매 우리야가 그 말을 듣고 두려워 애굽으로 도망하여 간지라

22 여호야김 왕이 사람을 애굽으로 보내되 곧 악볼의 아들 엘라단과 몇 사람을 함께 애굽으로 보냈더니

23 그들이 우리야를 애굽에서 연행하여 여호야김 왕에게로 그를 데려오매 왕이 칼로 그를 죽이고 그의 시체를 평민의 묘지에 던지게 하니라

24 사반의 아들 아히감의 손이 예레미야를 도와 주어 그를 백성의 손에 내어 주지 아니하여 죽이지 못하게 하니라

27장

거짓 선지자들과 싸우는 예레미야

1 유다의 왕 요시야의 아들 여호야김이 다스리기 시작할 때에 여호와께서 말씀으로 예레미야에게 임하시니라

2 여호와께서 이와 같이 내게 말씀하시되 너는 줄과 멍에를 만들어 네 목에 걸고

3 유다의 왕 시드기야를 보러 예루살렘에 온 사신들의 손에도 그것을 주어 에돔의 왕과 모압의 왕과 암몬 자손의 왕과 두로의 왕과 시돈의 왕에게 보내며

4 그들에게 명령하여 그들의 주에게 말하게 하기를 만군의 여호와 이스라엘의 하나님께서 이와 같이 말씀하시되 너희는 너희의 주에게 이같이 전하라

5 나는 내 큰 능력과 나의 쳐든 팔로 땅과 지상에 있는 사람과 짐승들을 만들고 내가 보기에 옳은 사람에게 그것을 주었노라

6 이제 내가 이 모든 땅을 내 종 바벨론의 왕 느부갓네살의 손에 주고 또 들짐승들을 그에게 주어서 섬기게 하였나니

7 모든 나라가 그와 그의 아들과 손자를 그 땅의 기한이 이르기까지 섬기리라 또한 많은 나라들과 큰 왕들이 그 자신을 섬기리라

8 여호와의 말씀이니라 바벨론의 왕 느부갓네살을 섬기지 아니하며 그 목으로 바벨론의 왕의 멍에를 메지 아니하는 백성과 나라는 내가 그들이 멸망하기까지 칼과 기근과 전염병으로 그 민족을 벌하리라

9 너희는 너희 선지자나 복술가나 꿈꾸는 자나 술사나 요술자가 이르기를 너희가 바벨론의 왕을 섬기게 되지 아니하리라 하여도 너희는 듣지 말라

10 그들은 너희에게 거짓을 예언하여 너희가 너희 땅에서 멀리 떠나게 하며 또 내가 너희를 몰아내게 하며 너희를 멸망하게 하느니라

11 그러나 그 목으로 바벨론의 왕의 멍에를 메고 그를 섬기는 나라는 내가 그들을 그 땅에 머물러 밭을 갈며 거기서 살게 하리라 하셨다 하라 여호와의 말씀이니라 하시니라

12 내가 이 모든 말씀대로 유다의 왕 시드기야에게 전하여 이르되 왕과 백성은 바벨론 왕의 멍에를 목에 메고 그와 그의 백성을 섬기소서 그리하면 사시리라

13 어찌하여 당신과 당신의 백성이 여호와께서 바벨론의 왕을 섬기지 아니하는 나라에 대하여 하신 말씀과 같이 칼과 기근과 전염병에 죽으려 하나이까

14 그러므로 당신들은 바벨론의 왕을 섬기게 되지 아니하리라 하는 선지자의 말을 듣지 마소서 그들은 거짓을 예언함이니이다

15 이는 여호와의 말씀이니라 내가 그들을 보내지 아니하였거늘 그들이 내 이름으로 거짓을 예언하니 내가 너희를 몰아내리니 너희와 너희에게 예언하는 선지자들이 멸망하리라

16 내가 또 제사장들과 그 모든 백성에게 전하여 이르되 여호와께서 이와 같이 말씀하시기를 보라 여호와의 성전의 기구를 이제 바벨론에서 속히 돌려오리라고 너희에게 예언하는 선지자들의 말을 듣지 말라 이는 그들이 거짓을 예언함이니라 하셨나니

17 너희는 그들의 말을 듣지 말고 바벨론의 왕을 섬기라 그리하면 살리라 어찌하여 이 성을 황무지가 되게 하려느냐

18 만일 그들이 선지자이고 여호와의 말씀을 가지고 있다면 그들이 여호와의 성전에와 유다의 왕의 궁전에와 예루살렘에 남아 있는 기구를 바벨론으로 옮겨가지 못하도록 만군의 여호와께 구하여야 할 것이니라

19 만군의 여호와께서 기둥들과 큰 대야와 받침들과 이 성에 남아 있는 기구에 대하여 이같이 말씀하시나니

20 이것은 바벨론의 왕 느부갓네살이 유다의 왕 여호야김의 아들 여고니야와 유다와 예루살렘 모든 귀인을 예루살렘에서 바벨론으로 사로잡아 옮길 때에 가져가지 아니하였던 것이라

21 만군의 여호와 이스라엘의 하나님께서 여호와의 성전과 유다의 왕의 궁전과 예루살렘에 남아 있는 그 기구에 대하여 이와 같이 말씀하셨느니라

22 그것들이 바벨론으로 옮겨지고 내가 이것을 돌보는 날까지 거기에 있을 것이니라 그 후에 내가 그것을 올려 와 이 곳에 그것들을 되돌려 두리라 여호와의 말씀이니라

예레미야와 하나냐

1 그 해 곧 유다 왕 시드기야가 다스리기 시작한 지 사 년 다섯째 달 기브온앗 술의 아들 선지자 하나냐가 여호와의 성전에서 제사장들과 모든 백성이 보는 앞에서 내게 말하여 이르되

2 만군의 여호와 이스라엘의 하나님이 이같이 일러 말씀하시기를 내가 바벨론의 왕의 멍에를 꺾었느니라

3 내가 바벨론의 왕 느부갓네살이 이 곳에서 빼앗아 바벨론으로 옮겨 간 여호와의 성전 모든 기구를 이 년 안에 다시 이 곳으로 되돌려 오리라

4 내가 또 유다의 왕 여호야김의 아들 여고니야와 바벨론으로 간 유다 모든 포로를 다시 이 곳으로 돌아오게 하리니 이는 내가 바벨론의 왕의 멍에를 꺾을 것임이라 여호와의 말씀이니라 하시니라

5 선지자 예레미야가 여호와의 성전에 서 있는 제사장들과 모든 백성들이 보는 앞에서 선지자 하나냐에게 말하니라

6 선지자 예레미야가 말하니라 아멘, 여호와는 이같이 하옵소서 여호와께서 네가 예언한 말대로 이루사 여호와의 성전 기구와 모든 포로를 바벨론에서 이 곳으로 되돌려 오시기를 원하노라

7 그러나 너는 내가 네 귀와 모든 백성의 귀에 이르는 이 말을 잘 들으라

8 나와 너 이전의 선지자들이 예로부터 많은 땅들과 큰 나라들에 대하여 전쟁과 재앙과 전염병을 예언하였느니라

9 평화를 예언하는 선지자는 그 예언자의 말이 응한 후에야 그가 진실로 여호와께서 보내신 선지자로 인정 받게 되리라

10 선지자 하나냐가 선지자 예레미야의 목에서 멍에를 빼앗아 꺾고

11 모든 백성 앞에서 하나냐가 말하여 이르되 여호와께서 이와 같이 말씀하시니라 내가 이 년 안에 모든 민족의 목에서 바벨론의 왕 느부갓네살의 멍에를 이와 같이 꺾어 버리리라 하셨느니라 하매 선지자 예레미야가 자기의 길을 가니라

12 선지자 하나냐가 선지자 예레미야의 목에서 멍에를 꺾어 버린 후에 여호와의 말씀이 예레미야에게 임하니라 이르시기를

13 너는 가서 하나냐에게 말하여 이르기를 여호와의 말씀에 네가 나무 멍에들을 꺾었으나 그 대신 쇠 멍에들을 만들었느니라

14 만군의 여호와 이스라엘의 하나님께서 이와 같이 말씀하시니라 내가 쇠 멍에로 이 모든 나라의 목에 메워 바벨론의 왕 느부갓네살을 섬기게 하였으니 그들이 그를 섬기리라 내가 들짐승도 그에게 주었느니라 하라

15 선지자 예레미야가 선지자 하나냐에게 이르되 하나냐여 들으라 여호와께서 너를 보내지 아니하셨거늘 네가 이 백성에게 거짓을 믿게 하는도다

16 그러므로 여호와께서 이와 같이 말씀하시되 내가 너를 지면에서 제하리니 네가 여호와께 패역한 말을 하였음이라 네가 금년에 죽으리라 하셨느니라 하더니

17 선지자 하나냐가 그 해 일곱째 달에 죽었더라

29장

포로에게 보낸 예레미야의 편지

1 선지자 예레미야가 예루살렘에서 이같은 편지를 느부갓네살이 예루살렘에서 바벨론으로 끌고 간 포로 중 남아 있는 장로들과 제사장들과 선지자들과 모든 백성에게 보냈는데

2 그 때는 여고니야 왕과 왕후와 궁중 내시들과 유다와 예루살렘의 고관들과 기능공과 토공들이 예루살렘에서 떠난 후라

3 유다의 왕 시드기야가 바벨론으로 보내어 바벨론의 왕 느부갓네살에게로 가게 한 사반의 아들 엘라사와 힐기야의 아들 그마랴 편으로 말하되

4 만군의 여호와 이스라엘의 하나님께서 예루살렘에서 바벨론으로 사로잡혀 가게 한 모든 포로에게 이와 같이 말씀하시니라

5 너희는 집을 짓고 거기에 살며 텃밭을 만들고 그 열매를 먹으라

6 아내를 맞이하여 자녀를 낳으며 너희 아들이 아내를 맞이하며 너희 딸이 남편을 맞아 그들로 자녀를 낳게 하여 너희가 거기에서 번성하고 줄어들지 아니하게 하라

7 너희는 내가 사로잡혀 가게 한 그 성읍의 평안을 구하고 그를 위하여 여호와께 기도하라 이는 그 성읍이 평안함으로 너희도 평안할 것임이라

8 만군의 여호와 이스라엘의 하나님께서 이와 같이 말하노라 너희 중에 있는 선지자들에게와 점쟁이에게 미혹되지 말며 너희가 꾼 꿈도 곧이 듣고 믿지 말라

9 내가 그들을 보내지 아니하였어도 그들이 내 이름으로 거짓을 예언함이라 여호와의 말씀이니라

10 여호와께서 이와 같이 말씀하시니라 바벨론에서 칠십 년이 차면 내가 너희를 돌보고 나의 선한 말을 너희에게 성취하여 너희를 이 곳으로 돌아오게 하리라

11 여호와의 말씀이니라 너희를 향한 나의 생각을 내가 아나니 평안이요 재앙이 아니니라 너희에게 미래와 희망을 주는 것이니라

12 너희가 내게 부르짖으며 내게 와서 기도하면 내가 너희들의 기도를 들을 것 이요

13 너희가 온 마음으로 나를 구하면 나를 찾을 것이요 나를 만나리라

14 이것은 여호와의 말씀이니라 나는 너희들을 만날 것이며 너희를 포로된 중 에서 다시 돌아오게 하되 내가 쫓아 보내었던 나라들과 모든 곳에서 모아 사로잡혀 떠났던 그 곳으로 돌아오게 하리라 이것은 여호와의 말씀이니라

15 너희가 말하기를 여호와께서 우리를 위하여 바벨론에서 선지자를 일으키셨 느니라

16 다윗의 왕좌에 앉은 왕과 이 성에 사는 모든 백성 곧 너희와 함께 포로 되어 가지 아니한 너희 형제에게 여호와께서 이와 같이 말씀하셨느니라

17 만군의 여호와께서 이와 같이 말씀하시되 보라 내가 칼과 기근과 전염병을 그들에게 보내어 그들에게 상하여 먹을 수 없는 몹쓸 무화과 같게 하겠고

18 내가 칼과 기근과 전염병으로 그들을 뒤따르게 하며 그들을 세계 여러 나라 가운데에 흩어 학대를 당하게 할 것이며 내가 그들을 쫓아낸 나라들 가운데 에서 저주와 경악과 조소와 수모의 대상이 되게 하리라

19 여호와의 말씀이니라 너희들이 내 말을 듣지 않았기 때문이니라 내가 내 종 선지자들을 너희들에게 꾸준히 보냈으나 너희는 그들의 말을 듣지 않았느 니라 여호와의 말씀이니라

20 그런즉 내가 예루살렘에서 바벨론으로 보낸 너희 모든 포로여 여호와의 말 씀을 들을지니라

21 만군의 여호와 이스라엘의 하나님께서 골라야의 아들 아합과 마아세야의 아들 시드기야에 대하여 이와 같이 말씀하시니라 그들은 내 이름으로 너희 에게 거짓을 예언한 자라 보라 내가 그들을 바벨론의 왕 느부갓네살의 손에 넘기리니 그가 너희 눈 앞에서 그들을 죽일 것이라

22 바벨론에 있는 유다의 모든 포로가 그들을 저줏거리로 삼아서 이르기를 여 호와께서 너를 바벨론 왕이 불살라 죽인 시드기야와 아합 같게 하시기를 원 하노라 하리니

년   월   일

23 이는 그들이 이스라엘 중에서 어리석게 행하여 그 이웃의 아내와 간음하며 내가 그들에게 명령하지 아니한 거짓을 내 이름으로 말함이라 나는 알고 있는 자로서 증인이니라 여호와의 말씀이니라 하시니라

스마야에게 보낸 편지와 여호와의 말씀

24 너는 느헬람 사람 스마야에게 이같이 말하여 이르라

25 만군의 여호와 이스라엘의 하나님께서 이와 같이 말씀하여 이르시되 네가 네 이름으로 예루살렘에 있는 모든 백성과 제사장 마아세야의 아들 스바냐와 모든 제사장에게 글을 보내 이르기를

26 여호와께서 너를 제사장 여호야다를 대신하여 제사장을 삼아 여호와의 성전 감독자로 세우심은 모든 미친 자와 선지자 노릇을 하는 자들을 목에 씌우는 나무 고랑과 목에 씌우는 쇠 고랑을 채우게 하심이어늘

27 이제 네가 어찌하여 너희 중에 선지자 노릇을 하는 아나돗 사람 예레미야를 책망하지 아니하느냐

28 그가 바벨론에 있는 우리에게 편지하기를 오래 지내야 하리니 너희는 집을 짓고 살며 밭을 일구고 그 열매를 먹으라 하셨다 하니라

29 제사장 스바냐가 스마야의 글을 선지자 예레미야에게 읽어서 들려 줄 때에

30 여호와의 말씀이 예레미야에게 임하여 이르시되

31 너는 모든 포로에게 전언하여 이르기를 여호와께서 느헬람 사람 스마야를 두고 이같이 말씀하셨느니라 내가 그를 보내지 아니하였거늘 스마야가 너희에게 예언하고 너희에게 거짓을 믿게 하였도다

32 그러므로 여호와께서 이와 같이 말씀하시니라 보라 내가 느헬람 사람 스마야와 그의 자손을 벌하리니 그가 나 여호와께 패역한 말을 하였기 때문에 이 백성 중에 살아 남을 그의 자손이 하나도 없을 것이라 내가 내 백성에게 행하려 하는 복된 일을 그가 보지 못하리라 하셨느니라 이것은 여호와의 말씀이니라

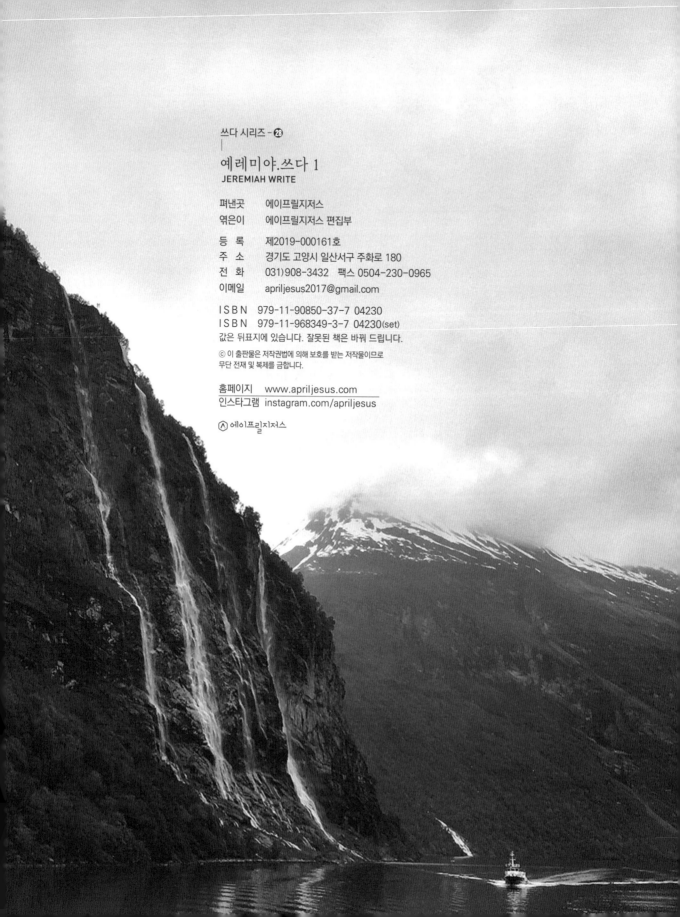

쓰다 시리즈 - ㉘

예레미야.쓰다 1
JEREMIAH WRITE

펴낸곳   에이프릴지저스
엮은이   에이프릴지저스 편집부

등 록   제2019-000161호
주 소   경기도 고양시 일산서구 주화로 180
전 화   031)908-3432   팩스 0504-230-0965
이메일   apriljesus2017@gmail.com

I S B N   979-11-90850-37-7 04230
I S B N   979-11-968349-3-7 04230(set)
값은 뒤표지에 있습니다. 잘못된 책은 바꿔 드립니다.

홈페이지   www.apriljesus.com
인스타그램 instagram.com/apriljesus

Ⓐ 에이프릴지저스